Améfrica Ladina

Améfrica Ladina

Lélia Gonzalez

organização e apresentação
Melina de Lima

Biblioteca Básica Latino-Americana - número 5
Améfrica Ladina - Lélia González

© Fundação Darcy Ribeiro, 2022

ISBN **978-85-63574-71-8**

Fevereiro de 2022

qualidade, em edições atrativas e bem-cuidadas, que terão versão em português, espanhol e inglês e publicação em diversos países.

Para uma tarefa de tal magnitude, complexidade e responsabilidade, convidamos renomados intelectuais latino-americanos, alguns deles amigos pessoais de Darcy Ribeiro, para compor o Conselho Curador da Coleção, que estabeleceram critérios básicos a serem seguidos pela BBLA:

— Buscar a síntese entre o foco e a difusão da cultura Latino-Americana, o presente e o crescente;

— Identificar as semelhanças na multiplicidade de povos, formações e expressões e tentar construir um corpo comum a partir da proveniência dos nomes, conceitos e saberes latino-americanos;

— Estabelecer diálogo com as diversidades culturais dos povos transplantados, povos novos, povos testemunho, fluxos migratórios, populações compostas, minorias, alteridades radicais e periféricas no embate do processo civilizatório

— Apresentar por meio de ensaios, contos, poesia, entrevistas, temas relacionados à antropologia, sociologia, filosofia, literatura, teatro, conteúdos que expressem a maior quantidade de interseções culturais.

Sabemos da complexidade e diversidade dos temas a serem abordados, assim como dos obstáculos a serem superados para se constituir um corpo de saberes e prazeres, consistente e relevante para o público leitor. Esse é o nosso maior desafio!

Esta coleção é uma obra coletiva, fruto do trabalho de uma equipe editorial comprometida com o propósito de semear e disseminar saberes produzidos nesse imenso continente latino-americano. É também uma obra viva, em movimento, que vai integrando autores e protagonistas à medida que incorpora novas abordagens, temas e questões cada vez mais contemporâneas e candentes.

Agradecemos aos conselheiros curadores que generosamente aceitaram o desafio de pensar e orientar esta coleção, aos autores por acreditarem no projeto, à equipe editorial que, como diria Darcy, trabalha com muita determinação para plantar no chão do mundo essas sementes, e às editoras, pela colaboração em empreender este projeto. A todos, e a você leitor, muito obrigado por apoiar a Fundação Darcy Ribeiro.

Trazer a público esta coleção é atualizar os debates em torno da América Latina e refletir sobre esse encantamento necessário, ainda por consolidar, de integração da América Ibérica ao sonho de criação do bloco latino-americano. Esta é, sem dúvida, a função mais essencial desta Biblioteca Básica Latino-Americana.

José Ronaldo A. Cunha
Fundação Darcy Ribeiro
Presidente

BBLA, A UTOPIA É AQUI

NÚMEROS PUBLICADOS

1. *A América Latina existe?*, de Darcy Ribeiro –
org. e apres. de Eric Nepomuceno (novembro de 2021)

2. *América Latina, um povo em marcha*, de Ángel Rama –
org. e apres. de Facundo Gómez (dezembro de 2021)

3. *O idioma da crítica*, de Horacio González –
org. e apres. de Eduardo Rinesi (janeiro de 2022)

4. *O voo do Tukui*, de Ana Pizarro –
org. de Rocío Casas, apres. de Hugo Achugar (fevereiro de 2022)

5. *Améfrika Ladina*, de Lélia González –
org. e apres. de Melina de Lima (março de 2022)

6. *O direito ao delírio*, de Eduardo Galeano –
org. de Sergio Cohn, apres. de Eric Nepomuceno (abril de 2022)

7. *Desenhos das letras latino-americanas*, de Saúl Sosnowski –
org. e apres. de Roxana Patiño (maio de 2022)

8. *A arte interessada*, de Mário de Andrade –
org. de Sergio Cohn e André Magnelli, apres. de André Magnelli
(junho de 2022)

9. *Padrões e dilemas*, de Florestan Fernandes –
org. e apres. de Gabriel Cohn (julho de 2022)

10. *Modos de vida civil*, de Gabriel Cohn –
apres. de Gabriel Cohn (novembro de 2022)

SUMÁRIO

APRESENTAÇÃO
POR MELINA DE LIMA

Somos LADINOS AMEFRICANOS! Assim Lélia Gonzalez, por vezes, definia os brasileiros, "por razões de ordem geográfica, histórico-cultural e, sobretudo, da ordem do inconsciente – é uma América Africana cuja latinidade, por inexistente, teve trocado o T pelo D para, aí sim, nomear o nosso país com todas as letras: *Améfrica Ladina*". Definições essas que constam em seus textos '*Nanny: Pilar da amefricanidade*' e '*A categoria político cultural de amefricanidade*', que poderemos ler nessa importante coleção.

Lélia de Almeida Gonzalez, uma das precursoras do feminismo negro no Brasil, lutou e viveu pela igualdade racial e de gênero e rodou o mundo mostrando sua urgência. Nasceu no ano de 1935, em Minas Gerais, estado com muita influência africana, devido ao grande uso da mão de obra de escravizados para a mineração. Aos 7 anos, foi com toda a família para o Rio de Janeiro, antiga capital brasileira. Por ser a penúltima de 18 irmãos, teve uma oportunidade rara aos negros brasileiros de sua época, pois, ao invés de trabalhar para ajudar a família, se empenhou nos estudos. O apoio e incentivo de seus irmãos mais velhos permitiu que seu pensamento, imprescindível para os estudos da mulher negra latino-americana e caribenha, pudesse fluir e evoluir. Lélia nos deixou, precocemente, em 1994.

Ao denunciar o racismo e o machismo, especializou-se em diversas áreas para embasar seu pensamento. Lélia Gonzalez tinha na *interseccionalidade* (termo ainda não utilizado à época) uma de suas grandes marcas e características. História, geografia, filosofia, linguística, psicanálise, antropologia eram algumas de suas áreas. Teorizou nossa luta e deu luz a um grande pensamento atual, mostrando como se dá a *estruturação do racismo*. Seus estudos e teorias se mostram cada dia mais atuais e determinantes para a compreensão da situação da população negra e dos povos originários nos dias de hoje. **Lélia Gonzalez revolucionou**: os termos *"amefricanidade"* e *"pretuguês"*, elaborados por ela, são prova disso. Sua forma de escrever nem sempre tão acadêmica, que por vezes fazia uso de gírias, buscava a compreensão de todos. **Lélia escrevia para todos.** Enxergava a necessidade do ativismo como forma de luta e mudança, ia para as ruas, subia morros, sabia que não bastava ocupar somente o ambiente acadêmico para balançar as estruturas. Em busca de mudanças partiu para a carreira política, se candidatou duas vezes, em 1982 e em 1986, mas seus ideais, por serem tão à frente do seu tempo e para muitos vistos como radicais, não eram compreendidos à época. Até seu estilo era uma forma de lutar. Lélia, uma intelectual que ocupava lugares até então inéditos para uma mulher negra, usou e abusou do seu estilo para valorizar a cultura negra e mostrar que não precisamos nos impor ao padrão "loira, de cabelo liso". Assim, mais uma vez, quebrou barreiras.

Neste número da Biblioteca Básica Latino-Americana, *Améfrica Ladina*, teremos o prazer de ler textos dessa grande pensadora, focados nas questões da mulher negra, indígena latino-americana e caribenha, dos negros e dos povos originários do continente americano em geral.

Em *"Racismo e Sexismo na Cultura Brasileira"* de 1983, um de seus mais importantes e conhecidos textos, ela discorre sobre os motivos da identificação da população (inclusive a própria população negra) ao discurso da democracia racial: por que aceitamos e divulgamos essa falácia? Por quais processos passamos para que isso acontecesse? O que mais está por trás desse discurso? E a mulher negra? Onde ela está nesse ideal?

Em *"Por um Feminismo Afro-Latino-Americano"* de 1988, ano do centenário da abolição brasileira, última entre os países do continente americano, Lélia inicia falando sobre o momento de reflexão que esse centenário representa. Tivemos somente uma extinção dos abusos e atrocidades da escravização do povo negro na *forma da lei* e nada mais. Essa luta começou bem antes de 1888, e mesmo que tentem negar, teve a imprescindível participação de mulheres e homens negros. A luta é luta diária e se faz importante até hoje. Ao enxergar a participação do povo negro na construção da sociedade brasileira, precisamos refletir e reconhecer as profundas desigualdades raciais e de gênero que a caracterizam, verificando que as outras sociedades dessa região, América Latina, também passam pelo mesmo processo. É um texto que busca avançar nas discussões sobre as contradições internas do feminismo latino-americano, dando ênfase na questão racial e evidenciando a exclusão de mulheres negras e indígenas dentro do movimento feminista.

Já em *"A Categoria político-cultural de Amefricanidade"* de 1988, Lélia retoma a ideia do conceito de "Amefricanidade" de Betty Milan, psicanalista e escritora brasileira, desenvolvida por Magno Machado Dias (MD Magno), também psicanalista. Betty e Magno, juntos, fundaram o Colégio Freudiano do Rio de Janeiro, uma associação que difunde ideias de teorias lacanianas. É um novo olhar sobre a formação histórico-cultural do Brasil. Mesmo pertencendo geograficamente à América, o Brasil tem na ordem do inconsciente a afirmação de uma formação exclusivamente branco-europeia. Lélia afirma que somos uma América Africana, que devido a uma *neurose cultural* brasileira (também conhecida como *racismo à brasileira*) nos negamos, enquanto sociedade, a assumir essa realidade. O contato de Lélia com as manifestações culturais negras de diferentes países do continente americano permitiu a ela identificar as similaridades que os permeiam. Afirma, por exemplo, que a presença negra na região caribenha modificou o espanhol, o francês e o holandês, assim como no Brasil modificou o português, chamado por ela de *"pretuguês"*. Esse termo é um importante exemplo do seu forte e importante legado. Lélia coloca luz nas contribuições da população negra e dos povos originários na formação do continente americano, geralmente invisibilizadas pelas ideologias de branqueamento.

Em *"Nanny: pilar da amefricanidade"* de 1988, Lélia busca enaltecer a importância de nossas raízes africanas, do conhecimento ancestral mítico, da história oral, da relevância de nossos heróis para a história do nosso continente. Ela explica sobre as comunidades *"maroons"* (no Brasil, algo como quilombolas), que nada mais são que comunidades rurais com descendentes de africanos escravizados no continente americano. Ela trata da maior delas na Jamaica, a Moore Town. Essas comunidades têm uma organização *matrifocal,* ou seja, que tem grande valorização das mulheres, preponderante para sua continuidade. É aí que ela fala sobre Nanny, uma figura com brilho intenso e único, a *maior heroína do seu povo,* que ultrapassou os limites da mortalidade para se tornar a ancestral mítica original, a quem todos os *maroons* se consideram descendentes. Essa figura feminina e ancestral lhes garante força para prosperar. Nanny simboliza a continuidade ancestral dessa comunidade. Lélia, mais uma vez, mostra que precisamos decolonizar nossos conhecimentos e valorizar nossa ancestralidade. Conhecer nossos heróis e heroínas, valorizar nossa cultura, é algo que nos foi negado propositalmente. Reconhecer e mudar isso é um caminho para mudanças.

No texto *"Mulher Negra"*, de 1985, Lélia discorre sobre a situação da mulher negra brasileira no interior da população economicamente ativa, tratando de sua inserção na força de trabalho e mostrando os avanços e favorecimentos à mulher branca nesse setor entre os anos 1960 e 1980. Foi uma modernização conservadora imposta pelos donos do poder no Brasil após a ditadura militar, que excluiu as mulheres negras desses avanços. Na contramão dessa exclusão, para que esses avanços alcancem as mulheres negras, foi necessária a organização das mesmas em coletivos. Lélia enaltece o desempenho das mulheres negras no movimento negro do Rio de Janeiro, por exemplo. É um texto que evidencia a necessidade e a urgência de estudarmos sobre essas questões, infelizmente, ainda tão atuais.

Ter Lélia Gonzalez como parte desse projeto da Biblioteca Básica Latino-Americana, que não canso de parabenizar, evidencia sua relevância e importância às questões do nosso continente. Agradeço ao José Ronaldo, a Sérgio Cohn, a Ana Paula Simonaci e a todos os envolvidos na escolha de minha vó para essa coleção, e agradeço ao Cristián Jiménez pela cuidadosa tradução para o espanhol. Lélia Gonzalez e Darcy Ribeiro são nomes que precisam ser exaltados sempre. É um orgulho ser neta dessa potência ladino-amefricana. Eu, junto à família, sei que manter vivo seu legado é uma missão. Desejo a todos uma boa leitura e um ótimo aprendizado.

NANNY: PILAR DA AMEFRICANIDADE

O Brasil – por razões de ordem geográfica, histórico-cultural e, sobretudo, da ordem do inconsciente – é uma América Africana cuja latinidade, por inexistente, teve trocado o T pelo D para, aí sim, nomear o nosso país com todas as letras: *Améfrica Ladina* (cuja *neurose cultural* tem no *racismo* o seu *sintoma por excelência*). Nesse contexto, todos os brasileiros (não apenas os pretos e pardos do IBGE) são ladino-amefricanos. Para entendermos as artimanhas do racismo acima caracterizado, temos que nos reportar à categoria freudiana de *denegação* (*Verneinung*): é o "processo pelo qual o indivíduo, embora formulando um de seus desejos, pensamentos ou sentimentos, até aí recalcado, continua a defender-se dele, negando que lhe pertença".[1] Enquanto denegação dessa ladino-amefricanidade, o racismo se volta justamente contra aqueles que, do ponto de vista étnico, são os testemunhos vivos da mesma, tentando tirá-los de cena, apagá-los do mapa. Deixando para os especialistas as análises lacanianas da ladinidade (que constitui

---

1 Jean Laplanche e Jean-Bertrand Pontalis, *Vocabulário da psicanálise.*

um veio de grande potencial heurístico), nosso olhar se volta para a categoria de *amefricanidade*. Exatamente porque ela nos permite ultrapassar limitações de caráter territorial, linguístico e ideológico, abrindo novas perspectivas para melhor entendimento dessa parte do mundo onde ela se manifesta: a América como um todo (austral, central, insular e setentrional).

Para além de seu caráter geográfico, ela designa todo um processo histórico de intensa dinâmica cultural (resistência, acomodação, reinterpretação, criação de novas formas) referenciada em modelos africanos e que remete à construção de toda uma identidade étnica. Desnecessário dizer que essa categoria está intimamente relacionada àquelas de *pan-africanismo*, *négritude*, *blackness*, *afrocentrity* etc. Seu valor metodológico, a nosso ver, está no fato de resgatar uma *unidade específica*, historicamente forjada no interior de diferentes sociedades que formaram uma determinada parte do mundo. Em consequência, o termo *amefricanas/amefricano*s nomeia a descendência não só dos africanos "gentilmente" trazidos pelo tráfico negreiro como daqueles chegados à América antes de seu "descobrimento" por Cristóvão Colombo.[2] A presença amefricana constitui marca indelével na elaboração do perfil do chamado Novo Mundo, apesar da denegação racista que habilmente se desloca, manifestando-se em diferentes níveis (político-ideológico, socioeconômico e psicocultural).

E é na chamada América Latina (muito mais ameríndio-améfrica do que outra coisa) que essa denegação se torna amplamente

---

2 Ivan Van Sertima, *They Came Before Columbus: The African Presence in Ancient America.*

verificável. Como sistema de dominação muito bem estruturado, o racismo na região demonstra sua eficácia ao veicular noções de "integração", "democracia racial", "mestiçagem" etc. Em outro texto[3], chamamos atenção para a necessidade de um mínimo de reflexão sobre a formação histórica dos países ibéricos se quisermos chegar a algum entendimento sobre esse modo de articulação das desigualdades raciais.

A formação histórica de Espanha e Portugal se deu no decorrer de uma luta plurissecular (a Reconquista) contra a presença de invasores que se diferenciavam não só pela religião que professavam (o islã); afinal, as tropas que invadiram a Ibéria em 711 não só eram majoritariamente negras (6700 mouros para trezentos árabes) como eram comandadas pelo negro general ("Gabel") Tariq ibn Ziyad (a corruptela do termo Gabel Tariq resultou em Gibraltar, palavra que passou a nomear o estreito até então conhecido como Colunas de Hércules). Por outro lado, sabemos que não só os soldados como o ouro do reino negro de Gana (África Ocidental) tiveram muito a ver com a conquista moura da Ibéria (ou Al-Andalus). Vale notar, ainda, que as duas últimas dinastias que governaram Al-Andalus procediam da África Ocidental: a dos almorávidas e a dos almóadas. Foi sob o reinado desses últimos que nasceu, em Córdoba (1126), o mais eminente filósofo do mundo islâmico, o aristotélico Averróis.[4]Desnecessário dizer que, tanto do ponto de vista racial quanto civilizacional, a presença

3 Ver Lélia Gonzalez, "Por um feminismo afro-latino-americano", neste volume.
4 Wayne B. Chandler, "The Moor: Light of Europe's Dark Age".

moura deixou profundas marcas nas sociedades ibéricas (como, de resto, na França, Itália etc.). Por aí se entende por que o racismo como denegação tem, na América Latina, um lugar privilegiado de expressão, na medida em que Espanha e Portugal adquiriram uma sólida experiência quanto aos processos mais eficazes de articulação das relações raciais.

Sabemos que as sociedades ibéricas se estruturam a partir de um modelo rigidamente hierárquico, onde tudo e todos tinham seu lugar determinado (até mesmo o tipo de tratamento nominal obedecia às regras impostas pela legislação hierárquica). Enquanto grupos étnicos diferentes e dominados, mouros e judeus eram sujeitos a violento controle social e político. As sociedades que vieram a se constituir na chamada América Latina foram as herdeiras históricas das ideologias de classificação social (racial e sexual) e das técnicas jurídico-administrativas das metrópoles ibéricas. Racialmente estratificadas, dispensaram formas abertas de segregação (e isso é válido, também, para aquelas de colonização francesa), uma vez que as hierarquias garantem a superioridade dos brancos enquanto grupo dominante.[5] A expressão do humorista Millôr Fernandes, ao afirmar que "não existe racismo no Brasil porque o negro conhece o seu lugar", sintetiza o que acabamos de expor.

E foi no interior das novas sociedades que se formaram no Novo Mundo (sejam de segregação aberta ou disfarçada) que a amefricanidade floresceu e se estruturou. Já na época colonial escravista, ela se manifestava nas revoltas, na elaboração de estratégias de resistência cultural, no desenvolvimento de formas

---

5 Roberto DaMatta, *Relativizando: uma introdução à antropologia.*

alternativas de organização social livre, cuja expressão concreta está nos *quilombos, cimarrones, cumbes, palenques, marronages e maroon societies*, que surgiram nas mais distintas paragens geográficas da América[6]. E é aqui que deteremos o nosso olhar para melhor apreendermos a importância das mulheres nas lutas das comunidades amefricanas de ontem e de hoje. Quem de nós desconhece o papel de grandes guerreiras quilombolas como Dandara, Aqualtune ou Maria Felipa? Mas pouco ou nada sabemos das quilombolas de outras regiões da América. Uma grande irmã e companheira, amefricana da Jamaica, foi quem nos despertou para esse aspecto essencial de nossa história comum: a dra. Lucille Mathurin Mair (historiadora, ex-embaixadora de seu país na ONU, secretária-geral da ONU para a Conferência de Copenhague e nossa companheira no Dawn/Mudar) foi quem nos falou pela primeira vez de Nanny. E a conclusão a que chegamos foi: *Nanny está para a Jamaica assim como Zumbi está para o Brasil.*

Ancestralidade mítica

Os termos *"marronage"* (francês) e *"maroon society"* (inglês) provêm do espanhol *"cimarrón"*, todos significando o mesmo que "quilombo" para nós. E o que vamos expor em seguida se baseia em dois textos: o de Lucille Mathurin Mair[7] e o de Kenneth Bilby

---

6 Elisa Larkin Nascimento, *Pan-africanismo na América do Sul: emergência de uma rebelião negra.*
7 Lucille Mathurin Mair, *The Rebel Woman in British West Indies During Slavery.*

e Filomina Chioma Steady.[8] Esta última é também grande irmã e companheira africana de Serra Leoa.

Na parte leste da Jamaica, precisamente nas Blue Mountains, existe uma comunidade rural que, aparentemente, não difere de qualquer outra, mas que, na verdade, é a maior comunidade *maroon* da ilha: Moore Town (atente-se para a coincidência: Moore, como Murray e outros, são nomes que derivam de *"moor"*, mouro; do mesmo modo, para nós, Moura, Morais, Mauro etc.). Resultante da expansão de uma comunidade mais antiga, destruída pelos *bakras* (ingleses), suas origens datam da primeira metade do século XVIII. Nanny Town foi o berço de New Nanny Town, atual Moore Town. A maioria dos escravos que, na Jamaica, se tornaram *maroons* era africana de origem *akan* (sobretudo *fantis* e *axantis*) e cujas sociedades eram matrilineares. Se se pensa no caráter militar das comunidades *maroon*, articulado com suas estratégias de sobrevivência, as instituições e os valores mais compatíveis com tais exigências só poderiam desembocar num tipo de organização matrifocal com uma grande valorização das mulheres. Em termos econômicos, elas tiveram um papel fundamental, na medida em que garantiam a produção agrícola da comunidade. Sua participação cotidiana na luta pela sobrevivência, contribuindo em diferentes níveis, fez delas a principal fonte de estabilidade e continuidade grupais. Sobretudo se se pensa que, além da ameaça externa, existiam as tensões internas (entre africanos de procedências diferentes), que só se estabilizaram com a intensa presença dos

---

8 Kenneth Bilby e Filomina Chioma Steady, "Black Woman and Survival: A Maroon Case".

créoles (americanos), socializados por essas mulheres (responsáveis, portanto, pelo desenvolvimento de uma cultura *créole*, americana). Assim sendo, a matrifocalidade foi um elemento-chave para a continuidade das *maroon societies*.

É no contexto de um grande corpus de história oral *maroon* da Moore Town de hoje que emerge, como um brilho intenso e único, a figura de Nanny, ou "Grandy Nanny", como a maior heroína de seu povo. Ultrapassando os limites da mera liderança mortal, transformou-se em ancestral mítica originária de quem todos os *maroons* se consideraram descendentes (também os *akans* acreditam descender de uma ancestral mítica comum). Dizendo-se pertencentes a uma família ou a um clã, afirmam sua consanguinidade pelo fato de serem *Nanny yoyo*. Este último termo significa progênie, "filhos", e também sinônimo de "*maroon*" na linguagem secreta das danças *kromanti*, ritual de possessão cuja figura central deve ser especialista na dança e no conhecimento das ervas medicinais; o *fete-man* ou a *fete-woman* é possuído por um espírito ancestral *maroon* para efeitos de cura. Desnecessário dizer que, entre as *fete-women*, Nanny foi a maior de todas.

As lendas a seu respeito sublinham o caráter sobrenatural de Nanny; seus grandes poderes derivavam do seu contato e conhecimento íntimo do mundo do espírito, isto é, do reino dos ancestrais. Nesse sentido, enquanto mediadora entre vivos e mortos, ela simboliza a continuidade das sociedades maroons no espaço e tempo. Vejamos três histórias que tratam de seus poderes sobrenaturais. A primeira se refere à destruição das provisões dos *maroons* pelos *bakras*, a fim de derrotá-los pela fome; Nanny recebeu uma mensagem espiritual exigindo que não se entregasse, ao mesmo tempo em que lhe foi entregue um punhado de sementes com as devidas instruções para o plantio. Em menos de um dia as sementes sobrenaturais resultaram numa generosa colheita de abóboras-morangas. A segunda história fala de um caldeirão mágico, cujo conteúdo fervia continuamente, sem necessidade de fogo para tal, e que foi colocado por Nanny no caminho de acesso a aldeia *maroon* para atrair a curiosidade do inimigo. Bastava uma simples olhadela para que os curiosos fossem puxados para dentro do caldeirão e desaparecessem para sempre. A terceira, e a mais popular, conta que Nanny encontrou inesperadamente uma grande tropa de *bakras*. Ela então parou, inclinou-se e, com escárnio, mostrou o traseiro para suas armas: assim que atiraram, ela surpreendentemente atraiu, para o meio das nádegas, toda uma carga pesada de chumbo, o que os deixou perplexamente sem ação.

A primeira história, simbolicamente, remeteria ao papel da mulher que assegura a regeneração e a continuidade de uma sociedade que, sob condições adversas, se encontra numa luta constante pela sobrevivência. A segunda apontaria para a perspicácia feminina no desenvolvimento de táticas absolutamente inesperadas para o inimigo, cuja fonte está no saber próprio do grupo. Já a terceira, a nosso ver, simbolizaria a profunda radicalidade de uma posição anticolonialista. O significado de seu gesto implica uma rejeição total da ordem que põe por terra o conjunto dos valores, instituições e práticas do colonizador. E este, supondo-se superior, é quem fica literalmente "desbundado" em face de tanta contundência.

E Nanny não é exaltada apenas por seus poderes sobrenaturais, mas por sua liderança militar, que se impõe na questão da paz com os ingleses. Tendo-lhe proposto a paz, num primeiro encontro os *bakras* tiveram suas condições rejeitadas por Nanny. Mas, numa segunda vez, ela aceitou um tratado de paz, o que despertou forte oposição de seu mais importante capitão, que, inutilmente, tentou fazê-la voltar atrás. Não aceitando o fracasso, ele se atirou num rio próximo, onde desapareceu. Que se pense na decisão de Nanny como uma crítica ao militarismo extremado que acaba por ameaçar a existência do próprio grupo. E só poderia ter partido de uma mulher a significativa atitude de aceitar a paz, sobretudo num momento em que a comunidade corria sério risco em face do avanço *bakra*, como sugere a história.

No conjunto de narrativas sobre Nanny não poderia faltar aquela que trata de duas irmãs trazidas como escravas da África. Uma delas, Nanny, rebelou-se e fugiu para as montanhas, onde iniciou uma feroz guerrilha contra os *bakras*; a outra, Sekesu, incapaz de enfrentar os rigores da guerra, preferiu ficar como escrava numa plantação. Os filhos de Nanny tornaram-se *maroons* e lutaram contra os *bakras*, conquistando sua liberdade; os de Sekesu, ao contrário, permaneceram como escravos, esperando passivamente por uma liberdade concedida muito mais tarde, quando os *bakras* assim decidiram. Duas questões emergem dessa história. A afirmação de uma identidade *maroon*, orgulhosa de si por seu passado de lutas; os *Nanny yoyo*, que se distinguem dos outros, dos que aceitaram a dominação escravista. Por outro lado, ao tratar de duas irmãs, ela remete a uma antiga ideologia matrilinear, talvez parcialmente derivada da cultura *akan*, numa comunidade que hoje é patrilinear. A insistência dos *maroons* em, às vezes, designar Nanny como a "mãe" de seu povo e de se diferenciarem por essa ascendência parece confirmar esse tipo de possibilidade.

Até aqui tratamos de narrativas que, aparentemente, não têm fundamento histórico. Todavia, não se duvida da real existência de uma importante personagem chamada Nanny, cujas origens étnicas remeteriam aos *akans* e que era africana de nascimento. Interessante sublinhar que a literatura inglesa da época se refere a ela como uma poderosa feiticeira, ou *obeah-woman*.

Vale aqui uma observação relativa ao *Standard Dictionary of English Language, international edition*[9], onde fomos buscar o significado da expressão acima reproduzida e encontramos o seguinte:

> *obi 1 [...] s.1. Tipo de feitiçaria praticada por negros das Índias Ocidentais no sudeste dos Estados Unidos: ressurgimento ou reminiscência de ritos africanos, especializado em venenos e no poder do terror. 2. Encantamento ou amuleto usado nessas práticas de magia. Também chamado obe, obeah.*

Hoje como ontem, a visão eurocêntrica e racista de práticas religiosas pertencentes a culturas não europeias só faz confirmar o quanto a ideologia do supremacismo branco se perpetua, ela sim, como terrorismo cultural imperialista.

---

9 *Standard Dictionary of English Language — International Edition.*

Apesar do tratamento depreciativo dos ingleses (nós, mulheres, sabemos o que significa ser chamada de feiticeira, sobretudo no século XVIII), sua força de mulher guerreira nunca foi esquecida por seus descendentes, por seus *yoyo*; e isso a ponto de o governo da Jamaica ter erguido um monumento em sua homenagem no centro de Moore Town após a ter declarado heroína nacional (a semelhança com Zumbi seria mera coincidência?). Opondo-se aos *bakras* na defesa de seu povo na Jamaica, ela se antecipou à ação de uma grande herdeira sua na África — a axanti Yaa Asantewaa (rainha-mãe de Ejisu) — que, no século seguinte, lideraria o mesmo tipo de luta contra os mesmos ingleses. O fato é que Nanny, espécie de Oiá/Iansã, constituiu-se num dos grandes pilares dessa amefricanidade que nos alerta e sustenta nossas lutas atuais, amefricanas de todas as regiões. Axé, mulher!

POR UM FEMINISMO AFRO-LATINO-AMERICANO

Neste ano de 1988, Brasil, o país com a maior população negra das Américas, comemora o centenário da lei que estabeleceu o fim da escravização neste país. As celebrações se estendem por todo território nacional, promovidas por inúmeras instituições de caráter público e privado, que festejam os "cem anos da abolição".

Porém, para o Movimento Negro, o momento é muito mais de reflexão do que de celebração. Reflexão porque o texto da lei de 13 de maio de 1988 (conhecida como Lei Áurea), simplesmente declarou como abolida a escravização, revogando todas as disposições contrárias e... nada mais. Para nós, mulheres negras e homens negros, nossa luta pela liberdade começou muito antes desse ato de formalidade jurídica e se estende até hoje. Nosso empenho, portanto, se dá no sentido de que a sociedade brasileira, ao refletir sobre a situação do seguimento negro que dela faz parte (daí a importância de ocupar todos os espaços possíveis para que isso suceda), possa voltar-se sobre si mesma e reconhecer nas suas contradições internas as profundas desigualdades raciais que a caracterizam. Neste sentido, as outras sociedades que também compõem essa região, neste continente chamado América Latina, quase não diferem da sociedade brasileira.

E este trabalho, como reflexão de uma das contradições internas do feminismo latino-americano, pretende ser, com suas evidentes limitações, uma modesta contribuição para o seu avanço (depois de tudo, sou feminista). Ao evidenciar a ênfase direcionada à dimensão racial (quando se trata da percepção e do entendimento da situação das mulheres no continente) tentarei mostrar que, no interior do movimento, as negras e as indígenas são as testemunhas vivas dessa exclusão. Por outro lado, baseada nas minhas experiências de mulher negra, tratarei de evidenciar as iniciativas de aproximação, de solidariedade e respeito pelas diferenças por parte de companheiras brancas efetivamente comprometidas com a causa feminina. A essas mulheres-exceção eu as chamo de irmãs.

Quando falo de experiência, quero dizer um processo de aprendizado difícil na busca de minha identidade como mulher negra dentro de uma sociedade que me oprime e me discrimina justamente por isso. Mas uma questão de ordem ético-política prevalece imediatamente. Não posso falar na primeira pessoa do singular de algo dolorosamente comum a milhões de mulheres que vivem na região; refiro-me às *ameríndias* e *amefricanas*[1], subordinadas a uma latinidade que legitima sua inferioridade.

---

1 Ver Lélia Gonzalez, "Racismo e sexismo na cultura brasileira", neste volume.

Feminismo e racismo

É inegável que o feminismo como teoria e prática vem desempenhando um papel fundamental em nossas lutas e conquistas, e à medida que, ao apresentar novas perguntas, não somente estimulou a formação de grupos e redes, também desenvolveu a busca de uma nova forma de ser mulher. Ao centralizar suas análises em torno do conceito do capitalismo patriarcal (ou patriarcado capitalista), evidenciou as bases materiais e simbólicas da opressão das mulheres, o que constitui uma contribuição de crucial importância para o encaminhamento das nossas lutas como movimento. Ao demonstrar, por exemplo, o caráter político do mundo privado, desencadeou todo um debate público em que surgiu a tematização de questões totalmente novas – sexualidade, violência, direitos reprodutivos, etc. – que se revelaram articulados às relações tradicionais de dominação/submissão. Ao propor a discussão sobre sexualidade, o feminismo estimulou a conquista de espaços por parte de homossexuais de ambos os sexos, discriminados pela sua orientação sexual.[2] O extremismo estabelecido pelo feminismo fez irreversível a busca de um modelo alternativo de sociedade. Graças a sua produção teórica e a sua ação como movimento, o mundo não foi mais o mesmo.

Mas, apesar das suas contribuições fundamentais para a discussão da discriminação pela orientação sexual, não aconteceu o mesmo com outros tipos de discriminação, tão graves como a sofrida pela mulher: a de caráter racial. Aqui, se nos reportamos ao feminismo norte-

---

2 Virginia Vargas, *Feminismo y movimiento social de mujeres.*

americano, a relação foi inversa; ele foi consequência de importantes contribuições do movimento negro: "A Luta dos sessenta... Sem a Irmandade Negra, não haveria existido irmandade das Mulheres (*sisterhood*); sem Poder Negro (*Black Power*) e Orgulho Negro (*Black Pride*), não haveria existido Poder Gay e Orgulho Gay".[3] E a feminista Leslie Cagan afirma: "O fato de que o movimento pelos Direitos Civis tenha quebrado os propósitos sobre a liberdade e a igualdade em América, nos abriu espaço para questionar a realidade da nossa liberdade como mulheres".

Mas o que geralmente se constata, na leitura dos textos e da prática feminista, são referências formais que denotam uma espécie de esquecimento da questão racial. Tenho um exemplo de definição do feminismo: consiste na "resistência das mulheres em aceitar papéis, situações sociais, econômicas, políticas, ideológicas e características psicológicas que tenham como fundamento a existência de uma hierarquia entre homens e mulheres, a partir da qual a mulher é discriminada".[4] Bastaria substituir os termos homens e mulheres por brancas e negros (ou índios), respectivamente, para ter uma excelente definição de racismo.

Exatamente porque tanto o racismo como o feminismo partem das *diferenças biológicas* para estabelecerem-se como ideologias de dominação. Cabe, então, a pergunta: como se explica este "esquecimento" por parte do feminismo? A resposta, na nossa opinião, está no que alguns cientistas sociais caracterizam o racismo

---

3 David Edgar, "Reagen's Bidden Agenda"
4 Judith Astelarra, *El Feminismo como perspectiva y como práctica política.*

por omissão e cujas raízes, dizemos nós, se encontram em uma visão de mundo eurocêntrica e neocolonialista da realidade.

Vale a pena retomar aqui duas categorias do pensamento lacaniano que ajudam a nossa reflexão. Intimamente articuladas, as categorias de *infans* e de *sujeito-suposto-saber* nos levam ao tema da alienação. A primeira designa aquele que não é sujeito do seu próprio discurso, à medida em que é falado pelos outros. O conceito de *infans* se constitui a partir de uma análise da formação psíquica da criança que, ao ser falado pelos adultos na terceira pessoa, é, consequentemente, excluída, ignorada, colocada como ausente apesar da sua presença; reproduz então esse discurso e fala em si em terceira pessoa (até o momento em que aprende a trocar os pronomes pessoais). Da mesma forma, nós, mulheres e não-brancas, fomos "faladas", definidas e classificadas por um *sistema ideológico de dominação* que nos infantiliza. Ao impormos um lugar inferior no interior da sua hierarquia (apoiadas nas nossas condições biológicas de sexo e raça), suprime nossa humanidade justamente porque nos nega o direito de ser sujeitos não só do nosso próprio discurso, senão da nossa própria história. É desnecessário dizer que, com todas essas características, estamos nos referindo ao *sistema patriarcal-racista*. Consequentemente, o feminismo coerente consigo mesmo não pode dar ênfase à dimensão racial. Se assim o fizesse, estaria contraditoriamente aceitando e reproduzindo a infantilização desse sistema, e isto é alienação.

A categoria de *sujeito-suposto-saber*, refere-se às identificações imaginárias com determinadas figuras, para as quais se atribui um saber que elas não possuem (mãe, pai, psicanalista, professor, etc.).

E aqui nos reportamos a análise de um Frantz Fanon e de um Albert Memmi, que descrevem a psicologia do colonizado frente a um colonizador. Em nossa opinião, a categoria de sujeito-suposto-saber enriquece ainda mais o entendimento dos mecanismos psíquicos inconscientes que se explicam na superioridade que o colonizado atribui ao colonizador. Nesse sentido, o eurocentrismo e seu efeito neo-colonialista acima mencionados também são formas alienadas de uma teoria e de uma prática que se percebem como liberadora.

Por tudo isso, o feminismo latino-americano perde muito da sua força ao abstrair um dado da realidade que é de grande importância: o caráter multirracial e pluricultural das sociedades dessa região. Tratar, por exemplo, da divisão sexual do trabalho sem articulá-la com seu correspondente em nível racial, é recair numa espécie de racionalismo universal abstrato, típico de um discurso masculinizado e branco. Falar da opressão da mulher latino-americana é falar de uma generalidade que oculta, infantiliza, que tira de cena a dura realidade vivida por milhões de mulheres que pagam um preço muito caro pelo fato de não serem brancas. Concordamos plenamente com Jenny Bourne, quando afirma: "Eu vejo o anti-racismo como algo que não está fora do Movimento de Mulheres senão como algo intrínseco aos melhores princípios feministas".

Mas esse olhar que não vê a dimensão racial, essa análise e essa prática que a "esquecem", não são características que se fazem evidentes apenas no feminismo latino-americano. Como veremos em seguida, a questão racial na região tem sido ocultada no interior das suas sociedades hierárquicas

A questão racial na América Latina

Cabe aqui um mínimo de reflexão histórica para poder ter uma ideia deste processo na região. Principalmente nos países de colonização ibérica.

Em primeiro lugar, não se pode esquecer que a formação histórica de Espanha e Portugal se fez a partir da luta de muitos séculos contra os mouros, que invadiram a Península Ibérica no ano de 711. Ainda mais, a guerra entre mouros e cristãos (ainda lembrada em nossas festas populares) não teve na dimensão religiosa a sua única força propulsora. Constantemente silenciada, a dimensão racial teve um importante papel ideológico nas lutas da Reconquista. Na realidade, os mouros invasores eram predominantemente negros. Além disso, as duas últimas dinastias do seu império – a dos "Almorávidas e a dos Almoadas" – provinham de África Ocidental.[5] Pelo exposto, queremos dizer que os espanhóis e os portugueses adquiriram uma sólida experiência com respeito à forma de articulação das relações raciais.

Em segundo lugar, as sociedades ibéricas se estruturaram de maneira altamente hierarquizada, com muitas castas sociais diferenciadas e complementares. A força da hierarquia era tal que se explicitava até nas formas nominais de tratamento, transformadas em lei pelo rei de Portugal e de Espanha em 1597. Desnecessário dizer que, neste tipo de estrutura, onde tudo e todos têm um lugar determinado, não há espaço para a igualdade, principalmente para

____

5 Wayne B. Chandler, "The Moor: Light of Europe's Dark Age".

grupos étnicos diferentes, como mouros e judeus, sujeitos a um violento controle social e político.[6]

Herdeiras históricas das ideologias de classificação social (racial e sexual), assim como das técnicas jurídicas e administrativas das metrópoles ibéricas, as sociedades latino-americanas não podiam deixar de se caracterizar como hierárquicas. Racialmente estratificadas, apresentam uma espécie de *continuum* de cor que se manifesta num verdadeiro arco-íris classificatório (no Brasil, por exemplo, existem mais de cem denominações para designar a cor das pessoas). Neste quadro, se torna desnecessária a segregação entre mestiços, indígenas e negros, pois *as hierarquias garantem a superioridade dos brancos como grupo dominante*.

Desse modo, a afirmação de que somos todos iguais perante a lei assume um caráter nitidamente formalista em nossas sociedades. O racismo latino-americano é suficientemente sofisticado para manter negros e indígenas na condição de segmentos subordinados no interior das classes mais exploradas, graças a sua forma ideológica mais eficaz: *a ideologia do branqueamento*, tão bem analisada por cientistas brasileiros. Transmitida pelos meios de comunicação de massa e pelos sistemas ideológicos tradicionais, ela reproduz e perpetua a crença de que as classificações e os valores da cultura ocidental branca são os únicos verdadeiros e universais. Uma vez estabelecido, o mito da superioridade branca comprova a sua eficácia e os efeitos de desintegração violenta, de fragmentação da identidade étnica por ele produzidos, o desejo de embranquecer (de "limpar o

---

6 Roberto DaMatta, *Relativizando: uma introdução à antropologia*

sangue" como se diz no Brasil), é internalizado com a consequente negação da própria raça e da própria cultura.

Não são poucos os países latino-americanos que desde a sua independência aboliram o uso de indicadores raciais nos seus censos e em outros documentos. Alguns deles reabilitaram ao indígena como *símbolo místico* da resistência contra a agressão colonial e neocolonial, apesar de, ao mesmo tempo, manter a subordinação da população indígena. Em relação aos negros, são abundantes os estudos sobre a sua condição durante o regime escravocrata. Porém, historiadores e sociólogos silenciam sua situação desde a abolição da escravização até os dias de hoje, estabelecendo uma prática que faz invisível este segmento social. O argumento utilizado por alguns cientistas sociais consiste na afirmação de que a ausência da variável racial nas suas análises se deve ao fato de que os negros foram contidos no interior da sociedade abraçada em condições de relativa igualdade com outros grupos raciais.[7]

Esta postura tem muito mais a ver com estudos de língua espanhola, no momento em que o Brasil se coloca quase como exceção dentro desse quadro; sua literatura científica sobre o negro na sociedade atual é bastante significativa.

Pelo exposto, não é difícil concluir a existência de grandes obstáculos para o estudo e encaminhamento das relações raciais na América Latina, tendo por base as suas configurações regionais e variações internas, para a comparação com outras sociedades multirraciais, fora do continente. Na verdade, esse silêncio ruidoso

---

7 George R. Andrews, *The Afro-Argentines of Buenos Aires: 1800-1900.*

sobre as contradições raciais se fundamenta, modernamente, num dos mais eficazes mitos de dominação ideológica: o mito da democracia racial.

Na sequência da suposta igualdade de todos perante a lei, ele afirma a existência de uma grande harmonia racial... sempre que se encontrem sob o escudo do grupo branco dominante; o que revela sua articulação com a ideologia do branqueamento. Em nossa opinião, quem melhor sintetizou esse tipo de dominação racial foi um humorista brasileiro ao afirmar: "no Brasil não existe racismo porque os negros reconhecem o seu lugar" (Millôr Fernandes). Vale notificar que mesmo as esquerdas absorveram a tese da "democracia racial", à medida que nas suas análises sobre nossa realidade social jamais conseguiram vislumbrar qualquer coisa mais além das contradições de classe.

Metodologicamente mecanicistas (porque eurocêntricas), acabaram por tornarem-se cúmplices de uma dominação que pretendiam combater. No Brasil, este tipo de perspectiva começou a sofrer uma reformulação com a volta dos exilados que haviam combatido a ditadura militar, no início dos anos oitenta. Isto porque muitos deles (vistos como brancos no Brasil) forma objeto de discriminação racial no exterior.

Apesar disso, somente em um país do continente encontramos a grande e única exceção em relação a uma ação concreta no sentido de abolir as desigualdades raciais, étnicas e culturais. Trata-se de um país geograficamente pequeno, mas gigantesco na busca do encontro consigo mesmo: Nicarágua. Em setembro de 1987, a Assembleia Nacional aprovou e promulgou o Estatuto de Autonomia das Regiões da Costa Atlântica de Nicarágua. Nelas encontram-se uma população de trezentos mil habitantes, divididos em seis etnias caracterizadas inclusive por suas diferenças linguísticas: 182 mil mestiços, 75 mil misquitos, 26 mil creoles (negros), 9 mil sumus, 1750 garífunas (negros) e 850 ramas. Composto de seis títulos e cinco artigos, o Estatuto de Autonomia implica em um novo reordenamento político, econômico, social e cultural que responde às reivindicações de participação das comunidades costeiras. Mais do que garantir a eleição das autoridades locais e regionais, o Estatuto assegura a participação comunitária na definição dos projetos que beneficiam a região e reconhece o direito de propriedade sobre as terras comunais. Por outro lado, não só garante a igualdade absoluta das etnias senão também reconhece seus direitos religiosos e linguísticos, repudiando todo tipo de discriminação. Um dos seus grandes efeitos foi o repatriamento de 19 mil indígenas que haviam abandonado o país. Coroação de um longo processo em que se acumularam erros e acertos, o Estatuto de Autonomia é uma das grandes conquistas de um povo que luta "por construir uma nação nova, multi-étnica, pluricultural e multilíngue baseada na democracia, no pluralismo, no anti-imperialismo e na eliminação da exploração social e opressão em todas as suas formas".

É importante insistir que, no quadro das profundas desigualdades raciais existentes no continente, se inscreve, e muito bem articulada, a desigualdade sexual. Trata-se de uma discriminação em dobro para com as mulheres não-brancas da região: as amefricanas e as ameríndias. O duplo caráter da sua condição biológica – racial e sexual – faz com que elas sejam as mulheres mais oprimidas e exploradas de uma região de capitalismo patriarcal-racista dependente. Justamente porque este sistema transforma as diferenças em desigualdades, a discriminação que elas sofrem assume um caráter triplo, dada sua posição de classe, ameríndias e amefricanas fazem parte, na sua grande maioria, do proletariado afro-latino-americano.

Por um feminismo afro-latino-americano

É Virgínia Vargas quem nos diz:

> *a presença das mulheres no cenário social é um fato inquestionável nos últimos anos, buscando novas soluções frente aos problemas que lhes impõe uma ordem social, política e econômica que historicamente as marginalizou. Nesta presença, a crise econômica, política, social e cultural (...) tem sido um elemento desencadeante que acelerou processos que vinham gerando-se. Com efeito, se por um lado a crise acentuou e evidenciou o esgotamento de um modelo de desenvolvimento do capitalismo dependente, por outro lado, deixou explícito como seus efeitos são recebidos diferenciadamente em vastos setores sociais, de acordo as contradições específicas nas quais se encontram imersos, alentando desse modo o surgimento de novos campos de conflito e novos atores sociais. Assim, no terreno das relações sociais, o efeito da crise foi o de devolver-nos uma visão*

<blockquote>

muito mais complexa e heterogênea da dinâmica social, econômica e política. Nesta complexidade na qual estão localizados, o surgimento e o reconhecimento de novos movimentos sociais, entre eles o de mulheres, que avançaram desde as suas contradições específicas a um profundo questionamento da lógica estrutural da sociedade (Castells) e contém, potencialmente, uma visão alternativa da sociedade.[8]

</blockquote>

Ao caracterizar distintas modalidades de participação, ela aponta três vertentes, diferenciadas por uma expressão, no interior do movimento: popular, político-partidária e feminista. E é justamente na popular que vamos encontrar maior participação de amefricanas e ameríndias que, preocupadas com o problema da sobrevivência familiar, buscam organizar-se coletivamente; por outro lado, sua presença principalmente no mercado informal de trabalho as remete a novas reivindicações. Dada sua posição social, que se articula com sua discriminação racial e sexual, são elas que sofrem mais brutalmente os efeitos da crise. Se pensarmos no tipo de modelo econômico adotado e no tipo de modernização que dela flui – conservadora e excludente, por seus efeitos de concentração de renda e de benefícios sociais – não é difícil concluir a situação dessas mulheres, como no caso do Brasil, no momento da crise.[9]

---

8 Virginia Vargas, op. cit.

9 Lucia E. Oliveira, Rosa M. Porcaro e Teresa C. N. Araujo, "Efeitos da crise no mercado de trabalho urbano e a reprodução das desigualdades raciais".

Nesta perspectiva, não podemos desconhecer o importante papel dos Movimentos Étnicos (ME), como movimentos sociais. Por um lado, o movimento indígena (MI), que se fortalece cada vez mais na América do Sul (Bolívia, Brasil, Peru, Colômbia, Equador) e Central (Guatemala, Panamá e Nicarágua, como já vimos), não só propõe novas discussões sobre as estruturas sociais tradicionais, senão que busca a reconstrução da sua identidade ameríndia e o resgate da sua própria história. Por outro lado, o Movimento Negro (MN) – e falemos do caso brasileiro ao explicitar a articulação entre as categorias de raça, classe, sexo e poder –, desmascara as estruturas de dominação de uma sociedade e de um estado que veem como natural o fato de que quatro quintos da força de trabalho negra sejam mantidas aprisionadas em uma espécie de cinturão socioeconômico que lhes "oferece e oportunidade" de trabalho manual e não qualificado. Não é necessário dizer que para o mesmo trabalho exercido por brancos, os rendimentos são sempre menores para trabalhadores negros de qualquer categoria profissional (principalmente nas de maior qualificação). Enquanto isso, a apropriação lucrativa da produção cultural afro-brasileira também é vista como "natural".

Cabe aqui um dado importante da nossa realidade histórica: para nós, amefricanas do Brasil e de outros países da região – assim como para as ameríndias – a conscientização da opressão ocorre, antes de qualquer coisa, pelo racial. Exploração de classe e discriminação racial constituem os elementos básicos da luta comum de homens e mulheres pertencentes a uma etnia subordinada. A experiência histórica da escravização negra, por exemplo, foi terrível e sofridamente vivida por homens e mulheres, fossem crianças, adultos ou velhos. E foi dentro da comunidade escravizada que se desenvolveram formas político-culturais de resistência que hoje nos permitem continuar uma luta plurissecular de liberação. A mesma reflexão é válida para as comunidades indígenas. Por isso, nossa presença nos ME é bastante visível; aí nós, amefricanas e ameríndias, temos participação ativa e em muitos casos somos protagonistas.

Mas é exatamente essa participação que nos leva à consciência da discriminação sexual. Nossos companheiros de movimentos reproduzem as práticas sexistas do patriarcado dominante e tratam de excluir-nos dos espaços de decisão do movimento. E é justamente por essa razão que buscamos o MM, a teoria e a prática feministas, acreditando aí encontrar uma solidariedade tão importante como a racial: a irmandade. Mas o que efetivamente encontramos são as práticas de exclusão e dominação racista que tratamos na primeira sessão deste trabalho. Somos invisíveis nas três vertentes do MM; inclusive naquela em que a nossa presença é maior, somos descoloridas ou desracializadas, e colocadas na categoria popular (os poucos textos que incluem a dimensão racial só confirmam a regra geral). Um exemplo ilustrativo: duas famílias pobres – uma negra e outra branca – cuja renda mensal é de 180 dólares (que corresponde a três salários mínimos atualmente no Brasil); a desigualdade se faz evidente no fato de que a taxa da atividade da família negra é maior que da branca.[10] Por aí se explica a nossa escassa presença nas outras duas vertentes.

Pelo exposto, não é difícil compreender que nossa alternativa em termos de MM foi a de organizar-nos como grupos étnicos. E, na

---

10 Ibid.

medida em que lutamos em duas frentes, estamos contribuindo para o avanço tanto dos ME como do MM (vice-versa, evidentemente). No Brasil, já em 1975, com a ocasião do encontro histórico das latinas que marcaria o início do MM no Rio de Janeiro, as americanas se fizeram presentes e distribuíram um manifesto que evidenciava a exploração econômico-racial-sexual e o consequente tratamento "degradante, sujo e sem respeito" de que somos objeto. Seu conteúdo não é muito diferente do Manifesto da Mulher Negra Peruana no Dia Internacional da Mulher em 1987, assinado por duas organizações do MN deste país: Linha de Ação Feminina do Instituto Afro-peruano e Grupo de Mulheres do Movimento Negro "Francisco Congo". Denunciando sua situação de discriminadas entre os discriminados, elas afirmam: "nos moldaram uma imagem perfeita em tudo que se refere a atividades domésticas, artísticas, servis, nos consideraram 'expertas no sexo'". É dessa forma que se alimentou o preconceito de que a mulher negra só serve para esses menestréis. Vale a pena notar que os doze anos de existência dos dois documentos nada significam frente a quase cinco séculos de exploração que ambos denunciam. Além disso, se observa que a situação das amefricanas dos dois países é praticamente a mesma, e principalmente os pontos de vista. Um dito popular brasileiro sintetiza essa situação ao afirmar: "branca para casar, mulata para fornicar, negra para trabalhar". Que se atenda aos papéis atribuídos às amefricanas (preta e mulata); abolida sua humanidade, elas são vistas como corpos animalizados: de certa forma, são os "burros de carga" (do qual as mulatas brasileiras são um modelo). Desse modo, se constata como a socioeconômica se faz aliada a super-exploração sexual das mulheres amefricanas.

Nos dois grupos de amefricanas do Peru se confirma uma prática que também é comum a nós: é a partir do MN que nos organizamos, e não do MM. No caso da dissolução de algum grupo, a tendência é continuar a militância dentro do MN, onde, apesar dos pesares, a nossa rebeldia e espírito crítico se dão num clima de maior familiaridade histórica e cultural. Já no MM, essas nossas manifestações muitas vezes foram caracterizadas como antifeministas e "racistas às avessas" (o que pressupõe um "racismo às direitas", ou seja, legítimo); daí nossos desencontros e ressentimentos. De qualquer modo, os grupos amefricanos de mulheres foram se organizando pelo país, principalmente nos anos oitenta. Realizamos também nossos encontros regionais, e neste ano teremos o Primeiro Encontro Nacional de Mulheres Negras. Enquanto isso, nossas irmãs ameríndias também se organizam dentro da união das nações indígenas, a expressão máxima do MI no nosso país. Neste processo, é importante ressaltar que as relações dentro do MM não estão feitas só de desencontros e ressentimentos com as latinas. Já nos anos setenta, umas poucas se aproximaram de nós em um efetivo intercâmbio de experiências, consequente no seu igualitarismo. O entendimento e a solidariedade se ampliaram nos anos oitenta, graças às próprias modificações ideológicas e de conduta dentro do MM: um novo feminismo se delineava nos nossos horizontes, aumentando nossas esperanças pela ampliação das suas perspectivas. A criação de novas redes como o Taller de Mulheres das Américas (que prioriza a luta contra o racismo e o patriarcalismo numa perspectiva anti-imperialista) e DAWN/MUDAR, são exemplos de uma nova forma de olhar feminista, luminoso e iluminado por ser inclusivo, aberto à participação de mulheres étnica e culturalmente diferentes. E Nairóbi foi o marco desta mudança, deste aprofundamento, deste encontro do feminismo consigo mesmo.

Prova disso foram as experiências muito fortes que tivemos o privilégio de compartilhar. A primeira em novembro de 1987, no II Encontro do Taller de Mulheres das Américas na cidade do Panamá; ali as análises e discussões terminaram por derrubar barreiras – no reconhecimento do racismo pelas feministas – e preconceitos antifeministas por parte das ameríndias e amefricanas dos setores populares. A segunda foi no mês seguinte, em La Paz, no encontro regional de DAWN/MUDAR; presentes as mulheres mais representativas do feminismo latino-americano, tanto por sua produção teórica como por sua prática efetiva. E uma só presença amefricana argumentou durante todo o encontro sobre as contradições já sinalizadas neste trabalho. Foi realmente uma experiência extraordinária para mim, frente aos testemunhos francos e honestos por parte das latinas ali presentes, frente à questão racial. Sai dali revivida, confiante de que uma nova era se abria para todas nós, mulheres da região. Mais do que nunca, meu feminismo se sentiu fortalecido. E o título deste trabalho foi inspirado nessa experiência. Por isso que eu o dedico a Neuma, Leo, Carmen, Virginia, Irma (teu cartão de Natal me fez chorar), Tais, Margarita, Socorro, Magdalena, Stella, Rocio, Gloria e as ameríndias Lucila e Marta. Muita sorte, mulheres!

Tradução Thatiane X.

– Cumé que a gente fica?

... Foi então que uns brancos muito legais convidaram a gente prá uma festa deles, dizendo que era prá gente também. Negócio de livro sobre a gente, a gente foi muito bem recebido e tratado com toda consideração. Chamaram até prá sentar na mesa onde eles tavam sentados, fazendo discurso bonito, dizendo que a gente era oprimido, discriminado, explorado. Eram todos gente fina, educada, viajada por esse mundo de Deus. Sabiam das coisas. E a gente foi sentar lá na mesa. Só que tava cheia de gente que não deu prá gente sentar junto com eles. Mas a gente se arrumou muito bem, procurando umas cadeiras e sentando bem atrás deles. Eles tavam tão ocupados, ensinando um monte de coisa pro crioléu da platéia, que nem repararam que se apertasse um pouco até que dava prá abrir um espaçozinho e todo mundo sentar junto na mesa. Mas a festa foi eles que

fizeram, e a gente não podia bagunçar com essa de chega prá cá, chega prá lá. A gente tinha que ser educado. E era discurso e mais discurso, tudo com muito aplauso. Foi aí que a neguinha que tava sentada com a gente, deu uma de atrevida. Tinham chamado ela prá responder uma pergunta. Ela se levantou, foi lá na mesa prá falar no microfone e começou a reclamar por causa de certas coisas que tavam acontecendo na festa. Tava armada a quizumba. A negrada parecia que tava esperando por isso prá bagunçar tudo. E era um tal de falar alto, gritar, vaiar, que nem dava prá ouvir discurso nenhum. Tá na cara que os brancos ficaram brancos de raiva e com razão. Tinham chamado a gente prá festa de um livro que falava da gente e a gente se comportava daquele jeito, catimbando a discurseira deles. Onde já se viu? Se eles sabiam da gente mais do que a gente mesmo? Se tavam ali, na maior boa vontade, ensinando uma porção de coisa prá gente da gente? Teve um hora que não deu prá agüentar aquela zoada toda da negrada ignorante e mal educada. Era demais. Foi aí que um branco enfezado partiu prá cima de um crioulo que tinha pegado no microfone prá falar contra os brancos. E a festa acabou em briga...

Agora, aqui prá nós, quem teve a culpa? Aquela neguinha atrevida, ora. Se não tivesse dado com

*a língua nos dentes... Agora tá queimada entre
os brancos. Malham ela até hoje. Também quem
mandou não saber se comportar? Não é à toa que
eles vivem dizendo que "preto quando não caga na
entrada, caga na saída"...*

A longa epígrafe diz muito além do que ela conta. De saída, o que se percebe é a identificação do dominado com o dominador. E isso já foi muito bem analisado por um [Frantz] Fanon, por exemplo. Nossa tentativa aqui é a de uma indagação sobre o porquê dessa identificação. Ou seja, o que foi que ocorreu, para que o mito da democracia racial tenha tido tanta aceitação e divulgação? Quais foram os processos que teriam determinado sua construção? O que é que ele oculta, para além do que mostra? Como a mulher negra é situada no seu discurso?

O *lugar* em que nos situamos determinará nossa interpretação sobre o duplo fenômeno do racismo e do sexismo. Para nós o *racismo* se constitui como a *sintomática* que caracteriza a *neurose cultural brasileira*. Nesse sentido, veremos que sua articulação com o sexismo produz efeitos violentos sobre a mulher negra em particular.

Consequentemente, o lugar de onde falaremos põe um outro, aquele que habitualmente nós vínhamos colocando em textos anteriores. E a mudança foi se dando a partir de certas noções que, forçando sua emergência em nosso discurso, nos levaram a retornar a questão da mulher negra numa outra perspectiva. Trata-se das noções de mulata, doméstica e mãe preta.

Em comunicação apresentada no "Encontro Nacional da LASA (*Latin American Studies Association*), em abril de 1979[1], falamos da mulata, ainda que de passagem, não mais como uma noção de caráter étnico, mas como uma profissão. Tentamos desenvolver um pouco mais essa noção em outro trabalho, apresentado num simpósio realizado em Los Angeles (UCLA) em maio de 1979.[2] Ali, falamos dessa dupla imagem da mulher negra de hoje: mulata e doméstica. Mas ali também emergiu a noção de mãe preta, colocada numa nova perspectiva. Mas ficamos por aí.

Nesse meio tempo, participamos de uma série de encontros internacionais que tratavam da questão do sexismo como tema principal, mas que certamente abriam espaço para a discussão do racismo também. Nossa experiência aí foi muito enriquecedora. Vale ressaltar que a militância política no Movimento Negro Unificado constituía-se como fator determinante de nossa compreensão da questão racial. Por outro lado, a experiência vivida enquanto membro do Grêmio Recreativo de Arte Negra e Escola de Samba Quilombo permitiu-nos a percepção de várias facetas que se constituiriam em elementos muito importantes para a concretização deste trabalho. E começaram a se delinear, para nós, aquilo que se poderia chamar de contradições internas. O fato é que, enquanto mulher negra, sentimos a necessidade de aprofundar nessa reflexão, ao invés de continuarmos na reprodução e repetição dos modelos que nos eram oferecidos pelo esforço de investigação das ciências sociais. Os textos só nos

---

1 Lélia Gonzalez, *Cultura, etnicidade e trabalho: efeitos linguísticos e políticos da exploração da mulher.*

2 Lélia Gonzalez, *A mulher negra na sociedade brasileira.*

falavam da mulher negra numa perspectiva sócio-econômica que elucidava uma série de problemas propostos pelas relações raciais. Mas ficava (e ficará) sempre um resto que desafiava as explicações. E isso começou a nos incomodar. Exatamente a partir das noções de mulata, doméstica e mãe preta que estavam ali, nos martelando com sua insistência...

Nosso suporte epistemológico se dá a partir de Freud e Lacan, ou seja, da Psicanálise. Justamente porque como nos diz Miller em sua *Teoria da Alíngua* (1976):

> *O que começou com a descoberta de Freud foi uma outra abordagem da linguagem, uma outra abordagem da língua, cujo sentido só veio à luz com sua retomada por Lacan. Dizer mais do que sabe, não saber o que diz, dizer outra coisa que não o que se diz, falar para não dizer nada, não são mais, no campo freudiano, os defeitos da língua que justificam a criação das línguas formais. Estas são propriedades inelimináveis e positivas do ato de falar. Psicanálise e Lógica, uma se funda sobre o que a outra elimina. A análise encontra seus bens nas latas de lixo da lógica. Ou ainda: a análise desencadeia o que a lógica domestica.3*

Ora, na medida em que nós negros estamos na lata de lixo da sociedade brasileira, pois assim o determina a lógica da dominação,

---

3 Jacques-Alain Miller, "Teoria da Alíngua", p. 17.

caberia uma indagação via psicanálise. E justamente a partir da alternativa proposta por Miller, ou seja: por que o negro é isso que a lógica da dominação tenta (e consegue muitas vezes, nós o sabemos) domesticar? E o risco que assumimos aqui é o do ato de falar com todas as implicações. Exatamente porque temos sido falados, infantilizados (*infans*, é aquele que não tem fala própria, é a criança que se fala na terceira pessoa, porque falada pelos adultos), que neste trabalho assumimos nossa própria fala. Ou seja, o lixo vai falar, e numa boa.

A primeira coisa que a gente percebe, nesse papo de racismo é que todo mundo acha que é natural. Que negro tem mais é que viver na miséria. Por que? Ora, porque ele tem umas qualidades que não estão com nada: irresponsabilidade, incapacidade intelectual, criancice, etc. e tal. Daí, é natural que seja perseguido pela polícia, pois não gosta de trabalho, sabe? Se não trabalha, é malandro e se é malandro, é ladrão. Logo, tem que ser preso, naturalmente. Menor negro só pode ser pivete ou trombadinha[4], pois filho de peixe, peixinho é. Mulher negra, naturalmente, é cozinheira, faxineira, servente, trocadora de ônibus ou prostituta. Basta a gente ler jornal, ouvir rádio e ver televisão. Eles não querem nada. Portanto, têm mais é que ser favelados.

Racismo? No Brasil? Quem foi que disse? Isso é coisa de americano. Aqui não tem diferença porque todo mundo é brasileiro acima de tudo, graças a Deus. Preto aqui é bem tratado, tem o mesmo direito que a gente tem. Tanto é que, quando se esforça,

---

4 Lélia Gonzalez, *A juventude negra brasileira e a questão do desemprego.*

ele sobe na vida como qualquer um. Conheço um que é médico; educadíssimo, culto, elegante e com umas feições tão finas... Nem parece preto.

Por aí se vê que o barato é domesticar mesmo. E se a gente detém o olhar em determinados aspectos da chamada cultura brasileira a gente saca que em suas manifestações mais ou menos conscientes ela oculta, revelando, as marcas da africanidade que a constituem. (Como é que pode?). Seguindo por aí, a gente também pode apontar pro lugar da mulher negra nesse processo de formação cultural, assim como os diferentes modos de rejeição/integração de seu papel.

Por isso, a gente vai trabalhar com duas noções que ajudarão a sacar o que a gente pretende caracterizar. A gente tá falando das noções de consciência e de memória. Como consciência a gente entende o lugar do desconhecimento, do encobrimento, da alienação, do esquecimento e até do saber. É por aí que o discurso ideológico se faz presente. Já a memória, a gente considera como o não-saber que conhece, esse lugar de inscrições que restituem uma história que não foi escrita, o lugar da emergência da verdade, dessa verdade que se estrutura como ficção. Consciência exclui o que a memória inclui. Daí, na medida em que é o lugar da rejeição, a consciência se expressa como discurso dominante (ou efeitos desse discurso) numa dada cultura, ocultando a memória, mediante a imposição do que ela, consciência, afirma como a verdade. Mas a memória tem suas astúcias, seu jogo de cintura: por isso, ela fala através das mancadas do discurso da consciência. O que a gente vai tentar é sacar esse jogo aí, das duas, também chamado de dialética. E, no que se refere à gente, à crioulada, a gente saca que a consciência faz tudo prá nossa história ser esquecida, tirada de cena. E apela prá tudo nesse sentido.[5] Só que isso tá aí... e fala.

A Nêga Ativa

Mulata, mulatinha meu amor
Fui nomeado teu tenente interventor
Lamartine Babo

Carnaval. Rio de Janeiro, Brasil. As palavras de ordem de sempre: Bebida, Mulher e Samba. Todo mundo obedece e cumpre. Blocos de sujo, banhos a fantasia, frevos, ranchos, grandes bailes nos grandes clubes, nos pequenos também. Alegria, loucura, liberdagem geral. Mas há um momento que se impõe. Todo mundo se concentra: nas concentração, nas arquibancadas, diante da tevê.

As escolas vão desfilar suas cores duplas ou triplas. Predominam as duplas: azul e branco, verde e rosa, vermelho e branco, amarelo e preto, verde e branco e por aí afora. Espetáculo feérico, dizem os locutores: plumas, paetês, muito luxo e riqueza. Imperadores, uiaras, bandeirantes e pioneiros, princesas, orixás, bichos, bichas, machos,

---

5 O melhor exemplo de sua eficácia está no barato da ideologia do branqueamento. Pois foi justamente um crioulo, apelidado de mulato, quem foi o primeiro na sua articulação em discurso "científico". A gente tá falando do "seu" Oliveira Vianna. Branqueamento, não importa em que nível, é o que a consciência cobra da gente, prá mal aceitar a presença da gente, prá mal aceitar a presença da gente. Se a gente parte prá alguma crioulice, ela arma logo um esquema prá gente "se comportar como gente". E tem muita gente da gente que só embarca nessa.

fêmeas, salomões e rainhas de sabá, marajás, escravos, soldados, sóls e luns, baianas, ciganas, havaianas. Todos sob o comando do ritmo das baterias e do rebolado das mulatas que, dizem alguns, não estão no mapa. "Olha aquele grupo do carro alegórico, ali. Que coxas, rapaz". "Veja aquela passista que vem vindo; que bunda, meu Deus! Olha como ela mexe a barriguinha. Vai ser gostosa assim lá em casa, tesão". "Elas me deixam louco, bicho".

E lá vão elas, rebolantes e sorridentes rainhas, distribuindo beijos como se fossem bênçãos para seus ávidos súditos nesse feérico espetáculo... E feérico vem de *"fée"*, fada, na civilizada língua francesa. Conto de fadas?

O mito que se trata de reencenar aqui, é o da democracia racial. E é justamente no momento do rito carnavalesco que o mito é atualizado com toda a sua força simbólica. E é nesse instante que a mulher negra transforma-se única e exclusivamente na rainha, na "mulata deusa do meu samba", "que passa com graça/fazendo pirraça/fingindo inocente/tirando o sossego da gente". É nos desfiles das escolas de primeiro grupo que a vemos em sua máxima exaltação. Ali, ela perde seu anonimato e se transfigura na Cinderela do asfalto, adorada, desejada, devorada pelo olhar dos príncipes altos e loiros, vindos de terras distantes só para vê-la. Estes, por sua vez, tentam fixar sua imagem, estranhamente sedutora, em todos os seus detalhes anatômicos; e os "flashes" se sucedem, como fogos de artifício eletrônicos. E ela dá o que tem, pois sabe que amanhã estará nas páginas das revistas nacionais e internacionais, vista e admirada pelo mundo inteiro. Isto, sem contar o cinema e a televisão. E lá vai ela feericamente luminosa e iluminada, no feérico espetáculo.

Toda jovem negra, que desfila no mais humilde bloco do mais longínquo subúrbio, sonha com a passarela da Marquês de Sapucaí. Sonha com esse sonho dourado, conto de fadas no qual "A Lua te invejando fez careta/ Porque, mulata, tu não és deste planeta". E por que não?

Como todo mito, o da democracia racial oculta algo para além daquilo que mostra. Numa primeira aproximação, constatamos que exerce sua violência simbólica de maneira especial sobre a mulher negra. Pois o outro lado do endeusamento carnavalesco ocorre no cotidiano dessa mulher, no momento em que ela se transfigura na empregada doméstica. É por aí que a culpabilidade engendrada pelo seu endeusamento se exerce com fortes cargas de agressividade. É por aí, também, que se constata que os termos mulata e doméstica são atribuições de um mesmo sujeito. A nomeação vai depender da situação em que somos *vistas*.[6]

Se a gente dá uma volta pelo tempo da escravidão, a gente pode encontrar muita coisa interessante. Muita coisa que explica essa confusão toda que o branco faz com a gente porque a gente é preto. Prá gente que é preta então, nem se fala. Será que as avós da gente, as mucamas, fizeram alguma coisa prá eles tratarem a gente desse jeito? Mas, quê era uma mucama? O Aurélio assim define:

---

6 Nesse sentido vale apontar para um tipo de experiência muito comum. Refiro-me aos vendedores que batem à porta da minha casa e, quando abro, perguntam gentilmente: "A madame está?". Sempre lhes respondo que a madame saiu e, mais uma vez, constato como somos vistas pelo "cordial" brasileiro. Outro tipo de pergunta que se costuma fazer, mas aí em lugares públicos: "Você trabalha na televisão?" ou "Você é artista?". E a gente sabe o que significa esse "trabalho" e essa "arte".

Parece que o primeiro aspecto a observar é o próprio nome, significante proveniente da língua quimbunda, e o significado que nela possui. Nome africano, dado pelos africanos e que ficou como inscrição não apenas no dicionário. Outro aspecto interessante é o deslocamento do significado no dicionário, ou seja, no código oficial. Vemos aí uma espécie de neutralização, de esvaziamento no sentido original. O *por vezes* é que, de raspão, deixa transparecer alguma coisa daquilo que os africanos sabiam, mas que precisava ser esquecido, ocultado.

Vejamos o que nos dizem outros textos a respeito de mucama. June E. Hahner, em *A Mulher no Brasil* (1978), assim se expressa:

> *... a escrava de cor criou para a mulher branca das casas grandes e das menores, condições de vida amena, fácil e da maior parte das vezes ociosa. Cozinhava, lavava, passava a ferro, esfregava de joelhos o chão das salas e dos quartos, cuidava dos filhos da senhora e satisfazia as exigências do senhor. Tinha seus próprios filhos, o dever e a fatal solidariedade de amparar seu companheiro, de sofrer com os outros escravos da senzala e do eito e de submeter-se aos castigos corporais que lhe*

> *eram, pessoalmente, destinados. (...) O amor para a*
> *escrava (...) tinha aspectos de verdadeiro pesadelo.*
> *As incursões desaforadas e aviltantes do senhor,*
> *filhos e parentes pelas senzalas, a desfaçatez dos*
> *padres a quem as Ordenações Filipinas, com seus*
> *castigos pecuniários e degredo para a África, não*
> *intimidavam nem os fazia desistir dos concubinatos*
> *e mancebias com as escravas.*[7]

Mais adiante, citando José Honório Rodrigues, ela se refere a um documento do final do século XVIII pelo qual o vice-rei do Brasil na época excluía de suas funções de capitão-mor que manifestara "baixos sentimentos" e manchara seu sangue pelo fato de se ter casado com uma negra. Já naqueles tempos, observa-se de que maneira a consciência (revestida de seu caráter de autoridade, no caso) buscava impor suas regras do jogo: concubinagem tudo bem; mas casamento é demais.

Ao caracterizar a função da escrava no sistema produtivo (prestação de bens e serviços) da sociedade escravocrata, Heleieth Saffioti mostra sua articulação com a prestação de serviços sexuais. E por aí, ela ressalta que a mulher negra acabou por se converter no "instrumento inconsciente que, paulatinamente, minava a ordem estabelecida, quer na sua dimensão econômica, quer na sua dimensão familiar".[8] Isto porque o senhor acabava por assumir

---

7 June E. Hahner, *A mulher no Brasil*, p. 120-1.
8 Heleieth I. B. Saffioti, *A mulher na sociedade de classes: mito e realidade*, p. 165-7.

posições antieconômicas, determinadas por sua postura sexual; como houvesse negros que disputavam com ele no terreno do amor, partia para a apelação, ou seja, a tortura e a venda dos concorrentes. E a desordem se estabelecia exatamente porque

> *as relações sexuais entre os senhores e escravas desencadeavam, por mais primárias e animais que fossem, processos de interação social incongruentes com as expectativas de comportamento, que presidiam à estratificação em castas. Assim, não apenas homens brancos e negros se tornavam concorrentes na disputa das negras, mas também mulheres brancas e negras disputavam a atenção do homem branco.*[9]

Pelo que os dois textos dizem, constatamos que o engendramento da mulata e da doméstica se fez a partir da figura da mucama. E, pelo visto, não é por acaso que, no *Aurélio*, a outra função da mucama está entre parênteses. Deve ser ocultada, recalcada, tirada de cena. Mas isso não significa que não esteja aí, com sua malemolência perturbadora. E o momento privilegiado em que sua presença se torna manifesta é justamente o da exaltação mítica da mulata nesse entre parênteses que é o carnaval.

Quanto à doméstica, ela nada mais é do que a mucama permitida, a da prestação de bens e serviços, ou seja, o burro de carga que carrega sua família e a dos outros nas costas. Daí ela ser o lado oposto da

---

9 Ibid., p.8.

exaltação; porque está no cotidiano. E é nesse cotidiano que podemos constatar que somos vistas como domésticas. Melhor exemplo disso são os casos de discriminação de mulheres negras da classe média, cada vez mais crescentes. Não adianta serem "educadas" ou estarem "bem vestidas" (afinal, "boa aparência", como vemos nos anúncios de emprego, é uma categoria "branca", unicamente atribuível a "brancas" ou "clarinhas"). Os porteiros dos edifícios obrigam-nos a entrar pela porta de serviço, obedecendo às instruções dos síndicos brancos (os mesmos que as "comem com os olhos" no carnaval ou nos oba-oba da vida). Afinal, se é preta só pode ser doméstica, logo, entrada de serviço. E, pensando bem, entrada de serviço é algo meio maroto, ambíguo, pois sem querer remete a gente prá outras entradas (não é "seu" síndico?). É por aí que a gente saca que não dá prá fingir que a outra função da mucama tenha sido esquecida. Está aí.

Mas é justamente aquela negra anônima, habitante da periferia, nas baixadas da vida, quem sofre mais tragicamente os efeitos da terrível culpabilidade branca. Exatamente porque é ela que sobrevive na base da prestação de serviços, segurando a barra familiar praticamente sozinha. Isto porque seu homem, seus irmãos ou seus filhos são objeto de perseguição policial sistemática (esquadrões da morte, "mãos brancas estão aí matando negros à vontade; observe-se que são negros jovens, com menos de trinta anos. Por outro lado, que se veja quem é a maioria da população carcerária deste país).

Cabe de novo perguntar: como é que a gente chegou a este estado de coisas, com abolição e tudo em cima? Quem responde prá gente é um branco muito importante (pois é cientista social, uai) chamado Caio Prado Júnior. Num livro chamado *Formação do Brasil*

Contemporâneo (1942), ele diz uma porção de coisas interessantes sobre o tema da escravidão:

> *Realmente a escravidão, nas duas funções que exercerá na sociedade colonial, fator trabalho e fator sexual, não determinará senão relações elementares e muito simples. (...) A outra função do escravo, ou antes da mulher escrava, instrumento de satisfação das necessidades sexuais de seus senhores e dominadores, não tem um efeito menos elementar. Não ultrapassara também o nível primário e puramente animal do contato sexual, não se aproximando senão muito remotamente da esfera propriamente humana do amor, em que o ato sexual se envolve de todo um complexo de emoções e sentimentos tão amplos que chegam até a fazer passar para o segundo plano aquele ato que afinal lhe deu origem.*[10]

Depois que a gente lê um barato assim, nem dá vontade de dizer nada porque é um prato feito. Mas vamos lá. Quanto aos dois fatos apontados e conjugados, é só dar uma olhadinha, de novo, no texto de Heleieth. Ela dá um baile no autor, dentro do mesmo espaço discursivo em que ele se colocou. Mas nosso registro é outro,

---

10 Caio Prado Jr., *Formação do Brasil Contemporâneo (Colônia)*, p. 342-3. 9

vamos dar nossa chamadinha também. Pelo exposto, a gente tem a impressão de que branco não trepa, mas comete ato sexual e que chama tesão de necessidade. E ainda por cima, diz que animal só tira sarro. Assim não dá prá entender, pois não? Mas na verdade, até que dá. Pois o texto possui riqueza de sentido, na medida em que é uma expressão privilegiada do que chamaríamos de neurose cultural' brasileira. Ora, sabemos que o neurótico constrói modos de ocultamento do sintoma porque isso lhe traz certos benefícios. Essa construção o liberta da angústia de se defrontar com o recalcamento. Na verdade, o texto em questão aponta para além do que pretende analisar. No momento em que fala de alguma coisa, negando-a, ele se revela como desconhecimento de si mesmo.

Nessa perspectiva, ele pouco teria a dizer sobre essa mulher negra, seu homem, seus irmãos e seus filhos, de que vínhamos falando. Exatamente porque ele lhes nega o estatuto de sujeito humano. Trata-os sempre como objeto. Até mesmo como objeto de saber. É por aí que a gente compreende a resistência de certas análises que, ao insistirem na prioridade da luta de classes, se negam a incorporar as categorias de raça e sexo. Ou seja, insistem em esquecê-las.[11]

E retomando a questão da mulher negra, a gente vai reproduzir uma coisa que a gente escreveu há algum tempo.

---

11 Ver Sigmund Freud, *Obras completas*. Que se leia o *Jornal do Brasil* de 28.10.1980, para se ter uma ideia de como se dá esse "esquecimento". Trata-se de mais um caso de discriminação racial de uma mulher negra; no caso uma professora. Como a história resultou em morte, indo para a alçada judicial, o criminoso, juntamente com seus "cúmplices" afirmam que a causa do crime não foi o seu racismo, mas a incompetência da professora

As condições de existência material da comunidade negra remetem a condicionamentos psicológicos que têm que ser atacados e desmascarados. Os diferentes índices de dominação das diferentes formas de produção econômica existentes no Brasil parecem coincidir num mesmo ponto: a reinterpretação da teoria do "lugar natural" de Aristóteles. Desde a época colonial aos dias de hoje, percebe-se uma evidente separação quanto ao espaço físico ocupado por dominadores e dominados. O lugar natural do grupo branco dominante são moradias saudáveis, situadas nos mais belos recantos da cidade ou do campo e devidamente protegidas por diferentes formas de policiamento que vão desde os feitores, capitães de mato, capangas, etc, até à polícia formalmente constituída. Desde a casa grande e do sobrado até aos belos edifícios e residências atuais, o critério tem sido o mesmo. Já o lugar natural do negro é o oposto, evidentemente: da senzala às favelas, cortiços, invasões, alagados e conjuntos "habitacionais" (...) dos dias de hoje, o critério tem sido simetricamente o mesmo: a divisão racial do espaço (...) No caso do grupo dominado o que se constata são famílias inteiras amontoadas em cubículos cujas condições de higiene e saúde são as mais precárias. Além disso, aqui também se tem

Pelo visto, e respondendo à pergunta que a gente fez mais atrás, parece que a gente *não chegou* a esse estado de coisas. O que parece é que a gente nunca saiu dele. Basta a gente dar uma relida no que a Hahner e a Heleieth disseram. Acontece que a mucama "permitida", a empregada doméstica, só faz cutucar a culpabilidade branca porque ela continua sendo a mucama com todas as *letras*. Por isso ela é violenta e concretamente reprimida. Os exemplos não faltam nesse sentido; se a gente articular divisão racial e sexual de trabalho fica até simples. Por que será que ela só desempenha atividades que não implicam em "lidar com o público"? Ou seja, em atividades onde não pode ser *vista*? Por que os anúncios de emprego falam tanto em "boa aparência"? Por que será que, nas casas das madames, ela só pode

---

12 Lélia Gonzalez, *A mulher negra na sociedade brasileira.*

ser cozinheira, arrumadeira ou faxineira e raramente copeira? Por que é "natural" que ela seja a servente nas escolas, supermercados, hospitais, etc. e tal?

E quando, como no famoso "caso Marli"[13] (que tem sua contrapartida no "caso Aézio" que, afinal, deu no que deu), ela bota a boca no trombone, denunciando o que estão fazendo com homens de sua raça? Aí as coisas ficam *realmente pretas* e há que dar um jeito. Ou se parte para a ridicularização ou se assume a culpabilidade mediante a estratégia de não assumi-la. Deu pra sacar? A gente se explica: os programas radiofônicos ditos populares são useiros e vezeiros na arte de ridicularizar a crioula que defende seu crioulo das investidas policiais (ela sabe o que vai acontecer a ele, né? O "caso Aézio" tai de prova). Que se escute as seções policiais desses programas. Afinal, um dos meios mais eficientes de fugir à angústia é ridicularizar, é rir daquilo que a provoca. Já o "caso Marli", por exemplo, é levado a sério, tão a sério que ela tem que *se esconder*. É sério porque se trata do seu irmão (e não do seu homem); portanto, nada melhor para neutralizar a culpabilidade despertada pelo seu *ato* do que o *gesto* de folclorizá-la, de transformá-la numa "Antígona Negra", na heroína, *única e inigualável*. Com isso, a massa anônima

---

13 Em 1980, em Belford Roxo, uma mulher negra, de uns 27 anos, Marli Pereira da Silva, em plena ditadura militar, enfrentou os grupos de extermínio para afirmar que seu irmão Paulo, de 19 anos, fora assassinado por policiais militares infiltrados. Sem temer as ameaças de morte, Marli esteve em delegacias e batalhões tentando reconhecer os assassinos de seu irmão. Uma fotografia dela nos jornais da época destaca a mulher pobre e negra olhando firme para a multidão de policiais perfilados no pátio do batalhão da Polícia Militar, em Nova Iguaçu, numa tentativa de reconhecer os assassinos.

das Arlis é esquecida, recalcada. E tudo continua legal nesse país tropical. Elementar, meu caro Watson.

É por aí que a gente entende porque dizem certas coisas, pensando que estão xingando a gente. Tem uma música antiga chamada "Nêga do cabelo duro" que mostra direitinho porque eles querem que o cabelo da gente fique bom, liso e mole, né? É por isso que dizem que a gente tem beiços em vez de lábios, fornalha em vez de nariz e cabelo ruim (porque é duro). E quando querem elogiar a gente dizem que a gente tem feições finas (e fino se opõe a grosso, né?). E tem gente que acredita tanto nisso que acaba usando creme prá clarear, esticando os cabelos, virando leidi e ficando com vergonha de ser preta. Pura besteira. Se bobear, a gente nem tem que se defender com os xingamentos que se referem diretamente ao fato da gente ser preta. E a gente pode até dar um exemplo que põe os pingos nos is.

Não faz muito tempo que a gente estava conversando com outras mulheres, num papo sobre a situação da mulher no Brasil. Foi aí que uma delas contou uma história muito reveladora, que complementa o que a gente já sabe sobre a vida sexual da rapaziada branca até não faz muito: iniciação e prática com as crioulas. É aí que entra a história que foi contada prá gente (brigada, Ione). Quando chegava na hora do casamento com a pura, frágil e inocente virgem branca, na hora da tal noite de núpcias, a rapaziada simplesmente brochava. Já imaginaram o vexame? E onde é que estava o remédio providencial que permitia a consumação das bodas? Bastava o nubente cheirar uma roupa de crioula que tivesse sido usada, para "logo apresentar os documentos". E a gente ficou pensando nessa prática, tão comum nos intramuros da casa grande, da utilização desse santo remédio chamado catinga de crioula (depois deslocado para o cheiro de corpo ou simplesmente cc). E fica fácil entender quando xingam a gente de negra suja, né?

Por essas e outras também, que dá vontade de rir quando a gente continua lendo o livro do "seu" Caio Prado Júnior. Aquele trecho, que a gente reproduziu aqui, termina com uma nota de rodapé, onde ele reforça todas as babaquices que diz da gente, citando um autor francês em francês (só que a gente traduz): (2) "O milagre do amor humano é que, *sobre um instinto tão simples, o desejo, ele constrói os edifícios de sentimentos os mais complexos e delicados* (André Maurois)" (grifos nossos). É este milagre que o amor da senzala não realizou e não podia realizar no Brasil-colônia.[14]

Pelo exposto, parece que nem Freud conseguiu melhor definir neurose do que André Maurois. Quanto à negativa do "seu" Caio Prado Júnior, infelizmente, a gente sabe o que ele está afirmando esquecidamente: o amor da senzala *só* realizou o milagre da neurose brasileira, graças a essa coisa *simplérrima* que é o desejo. Tão simples que Freud passou a vida toda escrevendo sobre ela (talvez porque não tivesse o que fazer, né Lacan?). Definitivamente, Caio Prado Júnior "detesta" nossa gente.

A única colher de chá que dá prá gente e quando fala da "figura boa da ama negra" de Gilberto Freyre, da "mãe preta", da "bá", que "cerca o berço da criança brasileira de uma atmosfera de bondade e ternura".[15] Nessa hora a gente é vista como figura boa e vira gente. Mas

---

14 Caio Prado Jr. *Formação do Brasil Contemporâneo (Colônia)*
15 Ibid., p. 13.

aí ele começa a discutir sobre a diferença entre escravo (coisa) e negro (gente) prá chegar, de novo, a uma conclusão pessimista sobre ambos.

É interessante constatar como, através da figura da "mãe-preta", a verdade surge da equivocação.[16] Exatamente essa figura para a qual se dá uma colher de chá é quem vai dar a rasteira na raça dominante. É através dela que o "obscuro objeto do desejo" (o filme do Buñuel), em português, acaba se transformando na "negra vontade de comer carne" na boca da moçada branca que fala português. O que a gente quer dizer é que ela não é esse exemplo extraordinário de amor e dedicação totais como querem os brancos e nem tampouco essa entreguista, essa traidora da raça, como querem alguns negros muito apressados em seu julgamento. Ela, simplesmente, é a mãe. É isso mesmo, é a mãe. Porque a branca, na verdade, é a outra. Se assim não é, a gente pergunta: quem é que amamenta, que dá banho, que limpa cocô, que põe prá dormir, que acorda de noite prá cuidar, que ensina a falar, que conta história e por aí afora? É a mãe, não é? Pois então. Ela é a mãe nesse barato doido da cultura brasileira. Enquanto mucama, é a mulher; então "bá", é a mãe. A branca, a chamada legítima esposa, é justamente a outra que, por impossível que pareça, só serve prá parir os filhos do senhor. Não exerce a função materna. Esta é efetuada pela negra. Por isso a "mãe preta" é a mãe.

E quando a gente fala em função materna, a gente tá dizendo que a mãe preta, ao exercê-la, passou todos os valores que lhe diziam respeito prá criança brasileira, como diz Caio Prado Júnior. Essa criança, esse *infans*, é a dita cultura brasileira, cuja língua é o pretuguês. A função materna diz respeito à internalização de valores,

---

16 Jacques Lacan, O Seminário, Livro 1.

ao ensino da *língua materna* e a uma série de outras coisas mais que vão fazer parte do imaginário da gente.[17] Ela passa prá gente esse mundo de coisas que a gente vai chamar de linguagem. E graças a ela, ao que ela passa, a gente entra na ordem da cultura, exatamente porque é ela quem nomeia o pai.

Por aí a gente entende porque, hoje, ninguém quer saber mais de babá preta, só vale portuguesa. Só que é um pouco tarde, né? A rasteira já está dada.

Muita Milonga prá uma Mironga só

> *Só uma palavra me devora*
> *Aquela que o meu coração não diz*
> Abel Silva

Quando se lê as declarações de um Dom Avelar Brandão, Arcebispo da Bahia, dizendo que a africanização da cultura brasileira é um modo de regressão, dá prá desconfiar.

Porque afinal de contas o que tá feito, tá feito. E o Bispo dançou aí. Acordou tarde porque o Brasil já está e é africanizado. M. D. Magno tem um texto que impressionou a gente, exatamente porque ele discute isso Duvida da latinidade brasileira afirmando que este barato chamado Brasil nada mais é do que uma América Africana, ou seja, uma *Améfrica Ladina*. Prá quem saca de crioulo, o texto aponta prá uma mina de ouro que a boçalidade europeizante faz tudo prá esconder, prá tirar de cena.

---

17 Lélia Gonzalez, A mulher negra na sociedade brasileira.

E justamente por isso tamos aí, usando de jogo de cintura, prá tentar se entender. Embora falando, a gente, como todo mundo, tá numa de escritura. Por isso a gente vai tentar apontar praquele que tascou sua assinatura, sua marca, seu selo (aparentemente sem sê-lo), seu jamega, seu sobre-nome como pai dessa "adolescente" neurótica que a gente conhece como cultura brasileira. E quando se fala de pai tá se falando de função simbólica por excelência. Já diz o ditado popular que "Filhos de minha filha, meus netos são; filhos do meu filho, serão ou não". Função paterna é isso aí. É muito mais questão de assumir do que de ter certeza. Ela não é outra coisa senão a função de ausentificação que promove a castração. É por aí, graças a Frege, que a gente pode dizer que, como o zero, ela se caracteriza como a escrita de uma ausência.

É o nome de uma ausência. O nome dessa ausência, digamos, é:

> *o nome que se atribui à castração. E o que é que falta para essa ausência não ser ausente, para completar essa série? Um objeto que não há, que é retirado de saída. Só que os mitos e as construções culturais, etc, vão erigir alguma coisa, alguma ficção para colocar nesse lugar; ou seja, qual é o nome do Pai e qual é o nome do lugar-tenente do Nome do Pai? Por um motivo importante, porque se eu souber qual é o nome do lugar-tenente do Nome do Pai, acharei esse um (S1) que talvez não seja outra coisa senão o nome do Nome do Pai.*

É por isso que a gente falou em Sobre-nome, isto é, nesse S_1 que inaugura a ordem significante de nossa cultura. Acompanhando as sacações de Magno, a gente fecha com ele ao atribuir ao significante *Negro* o lugar de S_1. Prá isso, basta que a gente pense nesse mito de origem elaborado pelo Mário de Andrade que é o Macunaíma. Como todo mundo sabe, Macunaíma nasceu negro, "preto retinto e filho do medo da noite". Depois ele branqueia como muito crioulo que a gente conhece, que, se bobear, quer virar nórdico. É por aí que dá prá gente entender a ideologia do branqueamento, a lógica da dominação que visa a dominação da negrada mediante a internalização e a reprodução dos valores brancos ocidentais. Mas a gente não pode esquecer que Macunaíma é *o herói da nossa gente*. E ninguém melhor do que um herói para exercer a função paterna.[18] Isto sem falar nos outros como Zumbi[19], Ganga-Zumba e até mesmo Pelé. Que se pense nesse outro herói chamado de a *Alegria do Povo*,

18 O barato do Magno é chamar Macunaíma de Máquina-íman, o erói sem H. Sacaram?

19 Que se atente para o fato da permanência de Zumbi no imaginário popular nordestino como aquele que faz as crianças levadas se comportarem melhor. "Se você não ficar quieto, Zumbi vem te pega". Por aí, a gente lembra não só o temor que os senhores de engenho tinham em face de um ataque surpresa do grande general negro, com também a fala das mães que, referindo-se ao pai que vai chegar, ameaçam os filhos de lhe contar (ao pai) as molecagens destes. Que se atente também para a força simbólica de Zumbi como significante que cutuca a consciência negra do seu despertar. Não é por acaso que o 20 de novembro, dia de sua morte em 1695, é considerado o Dia Nacional da Consciência Negra e que nada tem a ver com o 13 de maio. Esse deslocamento de datas (do 13 para o 20) não deixa de ser um modo de assunção da paternidade de Zumbi e a denúncia da falsa maternidade da Princesa Isabel. Afinal a gente sabe que a mãe-preta é que é a mãe.

nascido em Pau-Grande. Eles estão aí como repetição do S$_1$, como representações populares do herói. Os heróis oficiais não têm nada a ver com isso, são produto da lógica da dominação, não têm nada a ver com "a alma de nossa gente".

É por essa via que dá prá entender uma série de falas contra o negro e que são como modos de ocultação, de não assunção da própria castração. Por que será que dizem que preto correndo é ladrão? Ladrão de que? Talvez de uma onipotência fálica. Por que será que dizem que preto quando não caga na entrada, caga na saída? Por que será que um dos instrumentos de tortura utilizados pela polícia da Baixada é chamado de "mulata assanhada" (cabo de vassoura que introduzem no ânus dos presos?). Por que será que tudo aquilo que o incomoda é chamado de coisa de preto? Por que será que ao ler o *Aurélio*, no verbete negro, a gente encontra uma polissemia marcada pelo pejorativo e pelo negativo? Por que será que "seu" Bispo fica tão apavorado com a ameaça da africanização do Brasil? Por que será que ele chama isso de regressão? Por que vivem dizendo prá gente se pôr no lugar da gente? Que lugar é esse? Por que será que o racismo brasileiro tem vergonha de si mesmo? Por que será que se tem "o preconceito de não ter preconceito" e ao mesmo tempo se acha natural que o lugar do negro seja nas favelas, cortiços e alagados?

É engraçado como eles gozam a gente quando a gente diz que é *Framengo*. Chamam a gente de ignorante dizendo que a gente fala errado. E de repente ignoram que a presença desse *r* no lugar do *l*, nada mais é que a marca linguística de um idioma africano, no qual o *l* inexiste. Afinal, quem que é o ignorante? Ao mesmo tempo, acham o maior barato a fala dita brasileira, que corta os erres dos infinitivos verbais, que condensa *você* em *cê*, o *está* em *tá* e por aí afora. Não sacam que tão falando preTuguês.

E por falar em preTuguês, é importante ressaltar que o objeto parcial por excelência da cultura brasileira é a bunda (esse termo provém do quimbundo que, por sua vez, e juntamente com o ambundo, provém do tronco linguístico bantu que "casualmente" se chama bunda). E dizem que significante não marca... Marca bobeira quem pensa assim.[20] De repente, bunda é língua, é linguagem, é sentido, é coisa. De repente, é desbundante perceber que o discurso da consciência, o discurso do poder dominante, quer fazer a gente acreditar que a gente é tudo brasileiro, e de ascendência européia, muito civilizado, etc. e tal.

Só que na hora de mostrar o que eles chamam de "coisas nossas", é um tal de falar de samba, tutu, maracatu, frevo, candomblé, umbanda, escola de samba e por aí afora.

Quando querem falar do charme, da beleza da mulher brasileira, pinta logo a imagem de gente queimada da praia[21], de andar rebolativo, de meneios no olhar, de requebros e faceirices. E culminando, pinta este orgulho besta de dizer que a gente é uma democracia racial. Só que quando a negrada diz que não é, caem de pau em cima da gente, xingando a gente de racista. Contraditório, né? Na verdade, para além de outras razões, reagem dessa forma justamente porque

---

20 Basta olhar na tevê e sacar como as multi transam bem os significantes que nos pegam "pelo pé".

21 Um anúncio de bronzeador utilizado nos ônibus que trafegam na zona sul do Rio de Janeiro, reproduz um ato falho, uma mancada do discurso consciente, ao afirmar: Primeiro a cor, depois o amor. Bandeira, né?

a gente pôs o dedo na ferida deles, a gente diz que o rei tá pelado. E o corpo do rei é preto e o rei é Escravo.

E logo pinta a pergunta. Como é que pode? Que inversão é essa? Que subversão é essa? A dialética do Senhor e do Escravo dá prá explicar o barato.

E é justamente no carnaval que o reinado desse rei manifestadamente se dá. A gente sabe que carnaval é festa cristã que ocorre num espaço cristão, mas aquilo que chamamos de Carnaval Brasileiro possui, na sua especificidade, um aspecto de subversão, de ultrapassagem de limites permitidos pelo discurso dominante, pela ordem da consciência. Essa subversão na especificidade só tem a ver com o negro. Não é por acaso que, nesse momento, a gente sai das colunas policiais e é promovida à capa de revista, à principal focalizada pela tevê, pelo cinema e por aí afora. De repente, a gente deixa de ser marginal prá se transformar no símbolo da alegria, da descontração, do encanto especial do povo dessa terra chamada Brasil. É nesse momento que Oropa, França e Bahia são muito mais Bahia do que outra coisa. É nesse momento que a negrada vai prá rua viver o seu gozo e fazer a sua gozação. Expressões como: botá o bloco na rua, botá prá frevê (que virou nome de dança nas fervuras do carnaval nordestino), botá prá derretê, deixa sangrá, dá um suó, etc. são prova disso. É também nesse momento que os não-negros saúdam e abrem passagem para o Mestre-Escravo, para o senhor, no reconhecimento manifesto de sua realeza. É nesse momento que a exaltação da cultura americana se dá através da mulata, desse "produto de exportação" (o que nos remete a reconhecimento internacional, a um assentimento que está para além dos interesses econômicos, sociais, etc., embora com eles se articule). Não é por acaso que a mulher negra, enquanto mulata, como que sabendo, posto que conhece, bota prá quebrar com seu rebolado. Quando se diz que o português inventou a mulata, isso nos remete exatamente ao fato de ele ter instituído a raça negra como objeto *a*; e mulata é crioula, ou seja, negra nascida no Brasil, não importando as construções baseadas nos diferentes tons de pele. Isso aí tem mais a ver com as explicações do saber constituído do que com o conhecimento.

É também no carnaval que se tem a exaltação do mito da democracia racial, exatamente porque nesse curto período de manifestação do seu reinado o Senhor-Escravo mostra que ele sim, transa e conhece a democracia racial. Exatamente por isso que no resto do ano há reforço do mito enquanto tal, justamente por aqueles que não querem olhar para onde ele aponta. A verdade que nele se oculta, e que só se manifesta durante o reinado do Escravo, tem que ser recalcada, tirada de cena, ficando em seu lugar as ilusões que a consciência cria para si mesma. Senão como é que se explicaria, também, o fato dos brancos proibirem a presença da gente nesses lugares que eles chamam de chique e da gente não ter dessas frescuras com eles? E é querendo aprofundar sua sacação que Magno se indaga se:

> *Na dialética Senhor-Escravo, porque é a dialética*
> *da nossa fundação (...), aonde sempre o senhor*
> *se apropria do saber do escravo, a inseminação,*
> *por vias desse saber apropriado, como marca que*
> *vai dar em relação com o S2, não foi produzida*
> *pelo escravo, que, na dialética, retoma o lugar do*

Diferentes lugares da cultura brasileira são caracterizados pela presença desse elemento. No caso da macumba, por exemplo, que se atente para os 31 de dezembro nas praias do Rio de Janeiro, para os despachos que se multiplicam em cada esquina (ou encruzilhada) de metrópoles como Rio e São Paulo, e isto sem falar de futebol. Que se atente para as festas de largo em Salvador (tão ameaçadoras para o inseguro europocentrista do Bispo de lá). Mas que se atente para os hospícios, as prisões, e as favelas, como lugares privilegiados da culpabilidade enquanto dominação e repressão. Que se atente para as práticas dessa culpabilidade através da chamada ação policial. Só porque o Significante-Mestre foi roubado pelo escravo que se impôs como senhor. Que se atente, por fim, pro samba da Portela quando fala de Macunaíma: "Vou m'embora, vou m'embora/ Eu aqui volto mais não/ Vou morar no infinito e virar constelação". E o que significa constelação, senão lugar de inscrição, de marcação do Nome do Pai?

Se a batalha discursiva, em termos de cultura brasileira, foi ganha pelo negro, que terá ocorrido com aquele que, segundo os cálculos deles, ocuparia o lugar do senhor?

Estamos falando do europeu, do branco, do dominador. Desbancado do lugar do pai, ele só pode ser, como diz o Magno, o tio ou o corno; do mesmo modo que a europeia acabou sendo a outra.

BIBLIOGRAFIA

AZEVEDO, Thales de (1975). *Democracia racial: ideologia e realidade* (Petrópolis, Ed.Vozes).

BARBOSA, Waldemar de Almeida (1972). *Negros e Quilombos em Minas Gerais* (Belo Horizonte, Edição do Autor).

BASTIDE, Roger e FERNANDES, Florestan (1953). *Relações raciais entre negros e brancos em São Paulo* (São Paulo).

BOJUNGA, Cláudio (1973). O brasileiro negro, 90 anos depois. In *Encontros com a Civilização Brasileira* (Rio, nº 1, julho de 1978).

BOURDIEU, Pierre (1974). *A economia das trocas simbólicas* (São Paulo, Ed.Perspectiva).

______; PASSERON, J. C. (1970). *La Reproduction* (Paris, Les Éditions de Minuit).

CABRAL, Amilcar (1973). *Return to the source* (New York, Africa Information Service e PAIGO).

CARDOSO, F. H. (1975). *Autoritarismo e Democratização*. (Rio de Janeiro, Ed. Paz e Terra).

CANDEIA e ISNARD (1978). *Escola de Samba, árvore que esqueceu a raiz* (Rio, Ed. Lidador/SEEC – RJ).

FANON, Franz (1970). *Escunha, Blanco* (Barcelona, Editoral Nova Terra). FERNANDES, Florestan (1972). *O negro no mundo dos brancos* (São Paulo, Difusão Européia do Livro).

________________, (1978). *A integração do negro na sociedade de classes* (São Paulo, Atica).

FONTAINE, Pierre Michel (1979). *Models of economic development and system of racial relations: the Brazilian development and the afro-brazilian condition* (mimeo).

FONTAINE, Pierre Michel (1980). Transnational relations and racial mobilization: emerging black movements in Brasil, in *Ethic identities in a transnational world* (Connecticut Wesport, ed. John F. Stack Jr., Greenwood Press).

FREITAS, Décio (1978). *Palmares, a guerra dos escravos* (Rio, Ed. Graal). FREUD, Sigmund (1967). *Obras Completas* (Madrid, Editorial Biblioteca Nueva). FREYRE, Gilberto (1977). *Obra Escolhida* (Rio, José Olympio).

______. (1940). *O mundo que o português criou* (Rio, José Olympio).

______. (1951). *Sobrados e Mucambos* (Rio, José Olympio).

______. (1978). O brasileiro como um além-raça, in *Folha de São Paulo,* maio, 1978).

GONZALEZ, Lélia (1979a). *Cultura, etnicidade e trabalho: efeitos linguísticos e políticos da exploração da mulher* (mimeo, Annual Meeting of the Latin American Studies Association, Pittsburgh, 5-7 de abril, 1979).

______. (1979b). *A Juventude negra brasileira e a questão do desemprego* (mimeo, Annual Meeting of African Heritage Studies Association, Pittsburgh, 26- 29 de abril, 1979).

______. (1979c). *O papel da mulher negra na sociedade brasileira* (mimeo, Spring Symposium the Political Economy of the Black World. Los Angeles, 10- 12 maio de 1979).

______. (1979d). *Racism and its effects in Brazilian society* (mimeo, Women's Conference of Human Rights and Mission; Veneza, 24-30 de junho, 1979).

______. (1980a). *Tha Unified Black Movement* (mimeo, Symposium on Race and Class in Brazil: New Issues and Approaches; Center for Afro-American Studies, UCLA, Los Angeles, 28 de fevereiro – 1 de março de 1980).

HAHNER, June E. (1978). *A mulher no Brasil* (Rio, Civilização Brasileira).

HASENBALG, Carlos A. (1979). *Discriminação e desigualdades raciais no Brasil* (Rio, Graal).

______. (1980). *Race and socieconomc inequalities in Brazil* (mimeo). IANNI, Oactávio (1978). *Escravidão e racism* (São Paulo, Edit. Ficitec). LACAN, Jacques (1966). <u>Écrits</u> (Paris, Seuil).

______. (1979). O Seminário, Livro I (Rio, Zahar Editores).

LACAN, Jacques (1979). *O Seminário*, Livro XI (Rio, Zahar Editores).

______. (1972). *Le Seminaire* Livre XX (Paris, Éditions du Seuil).

______. (1970). *Las formaciones del inconsciente* (Buenos Aires, Editions Nueva Vision).

______. (1974). *Télévision* (Paris, Éditions du Seuil).

LECLAIRE, Serge (1974). *O corpo erógeno: uma introdução à teoria do complexo de Édipo* (Rio, edição dos Trad.).

LEOPOLDI, José Sávio (1978). *Escola de Samba, Ritual e Sociedade* (Petrópolis, Ed. Vozes).

MATTA, Roberto da (1979). *Carnavais, malandros e heróis* (Rio, Zahar Editores).

M. D. Magno (1980). *Améfrica Ladina: introdução a uma abertura* (Rio, Colégio Freudiano do Rio de Janeiro).

MILLER, Jacques Alain (1974). A Sutura, in *Revista Lugar*, n.º 4 (Rio).

______. (1976). Teoria da Alíngua, in *Revista Lugar,* nº 8 (Rio).

_______. (1976). A máquina panóptica de Jeremy Bonthan, in *Revista Lugar,* nº 8. MOREIRA ALVES, Branca (1980). *Ideologia e feminismo* (Petrópolis, Vozes).

MOREL, Edmar (1979). *A Revolta da Chibata* (Rio, Edições Graal).

MOTA, Carlos Guilherme (1977). *Ideologia da Cultura Brasileira* (São Paulo, Editora Ática).

MOURA, Clóvis (1972). *Rebelião da Senzala* (Rio, Ed. Conquista).

_______. (1977). *O Negro: de bom escravo a mau cidadão?* (Rio, Editora Conquista).

NASCIMENTO, Abdias (1978). *O genocídio do negro brasileiro: processo de um racismo mascarado* (Rio, Paz e Terra).

_______. (1979). *Mixture or massacre? Essays on the genocide of a black people* (Buffalo, N. Y., Afrodiaspora).

OLIVEIRA, Lucia E. G., PORCARO, Rosa Maria e ARAUJO COSTA, Teresa Cristina (1980). *O "lugar do negro" na força de trabalho* (mimeo).

PRADO JUNIOR, Caio (1976). *Formação do Brasil Contemporâneo* (Colônia) (São Paulo, Editora Brasiliense).

QUEIROZ JUNIOR, Teófilo (1975). *Preconceito de cor e a mulata na literatura brasileira* (S. Paulo, Ática).

RAMOS, Arthur. (1954). *Folclore Negro do Brasil* (Rio, Livrazento Editora Casa do Estudante do Brasil).

A CATEGORIA POLÍTICO-CULTURAL DE AMEFRICANIDADE

1. Introdução

Este texto resulta de uma reflexão que vem se estruturando em outros que o antecederam[1], e que se enraíza na retomada de uma ideia de Betty Milan desenvolvida por M.D. Magno.[2] Trata-se de um olhar novo e criativo no enfoque da formação histórico-cultural do Brasil que, por razões de ordem geográfica e, sobretudo, da ordem do inconsciente, não vem a ser o que geralmente se afirma: um país cujas formações do inconsciente são exclusivamente europeias, brancas. Ao contrário, ele é uma América Africana cuja latinidade, por inexistente, teve trocado o t pelo d para, aí sim, ter o seu nome assumido com todas as letras: *Améfrica Ladina* (não é por acaso que a *neurose cultural* brasileira tem no *racismo* o seu sintoma por excelência). Nesse contexto, todos os brasileiros (e não apenas os

---

1 Lélia Gonzalez, "Racismo e sexismo na cultura brasileira" (neste livro); "Por um feminismo afro-latino-americano" (neste livro); "Nanny: Pilar da amefricanidade" (neste livro); "A Socio-Historic Study of South American Christianity: The Brazilian Case".
2 M. D. Magno, Améfrica Ladina: introdução a uma abertura.

"pretos" e os "pardos" do IBGE) são *ladino-amefricanos*. Para um bom entendimento das artimanhas do racismo acima caracterizado, vale a pena recordar a categoria freudiana de *denegação* (*Verneinung*): "processo pelo qual o indivíduo, embora formulando um de seus desejos, pensamentos ou sentimentos, até aí recalcado, continua a defender-se dele, negando que lhe pertença".[3] Enquanto denegação de nossa ladino-amefricanidade, o racismo "à brasileira" se volta justamente contra aqueles que são o testemunho vivo da mesma (os negros), ao mesmo tempo que diz não o fazer ("democracia racial" brasileira). Para melhor entendimento dessa questão, numa perspectiva lacaniana, é recomendável a leitura do texto brilhante de M.D. Magno.[4]

Graças a um contato crescente com manifestações culturais negras de outros países do continente americano, tenho tido a oportunidade de observar certas similaridades que, no que se refere aos falares, lembram o nosso país. É certo que a presença negra na região caribenha (aqui entendida não só como a América Insular, mas incluindo a costa atlântica da América Central e o norte da América do Sul) modificou o espanhol, o inglês e o francês falados na região (quanto ao holandês, por desconhecimento, nada posso dizer). Ou seja, aquilo que chamo de "pretoguês" e que nada mais é do que marca de africanização do português falado no Brasil (nunca esquecendo que o colonizador chamava os escravos africanos de "pretos" e de "crioulos", os nascidos no Brasil), é facilmente constatável sobretudo

3 Jean Laplanche e Jean-Bertrand Pontalis, Vocabulário da psi-canálise.
4 Ver M. D. Magno, Améfrica Ladina: introdução a uma abertura.

no espanhol da região caribenha. O caráter tonal e rítmico das línguas africanas trazidas para o Novo Mundo, além da ausência de certas consoantes (como o l ou o r, por exemplo), apontam para um aspecto pouco explorado da influência negra na formação histórico-cultural do continente como um todo (e isto sem falar nos dialetos "crioulos" do Caribe). Similaridades ainda mais evidentes são constatáveis, se o nosso olhar se volta para as músicas, as danças, os sistemas de crenças etc. Desnecessário dizer o quanto tudo isso é encoberto pelo véu ideológico do branqueamento, é recalcado por classificações eurocêntricas do tipo "cultura popular", "folclore nacional" etc, que minimizam a importância da contribuição negra.

Um outro aspecto, e bem inconsciente, do que estamos abordando, diz respeito a outra categoria freudiana, a de *objeto parcial* (*Partialobjekt*) e que é assim definida: "Tipo de objetos visados pelas pulsões parciais, sem que tal implique que uma pessoa, no seu conjunto, seja tomada como objeto de amor. Trata-se principalmente de partes do corpo, reais ou fantasmadas (...), e dos seus equivalentes simbólicos. Até uma pessoa pode identificar-se ou ser identificada com um objeto parcial".[5] Pois bem. Pelo menos no que se refere ao Brasil, que se atente não só para toda uma literatura (Jorge Amado, por exemplo) como para as manifestações das fantasias sexuais brasileiras. Elas se concentram no objeto parcial por excelência da nossa cultura: a bunda.[6] Recorrendo ao dicionário, pode-se constatar que essa palavra inscreve-se no vocabulário de uma língua africana,

---

5 Jean Laplanche e Jean-Bertrand Pontalis, Vocabulário da psicanálise, p. 6.
6 Ver Lélia Gonzalez, "Racismo e sexismo na cultura brasileira", neste volume.

o quimbundo (*mbunda*), que muito influenciou os nossos falares. Além disso, vale ressaltar que os *bundos* constituem uma etnia banto de Angola que, além do supracitado quimbundo, falam outras duas línguas: *bunda* e *ambundo*. Se se atenta para o fato que Luanda foi um dos maiores portos de exportação de escravos para a América... Em consequência, além de certos modismos (refiro-me, por exemplo, ao biquíni "fio dental") que buscam evidenciar esse objeto parcial, note-se que o termo deu origem a muitos outros em nosso "pretoguês". Por esta razão, gosto de fazer um trocadilho, afirmando que o português, o lusitano, "não fala e nem diz bunda" (do verbo desbundar).

Essas e muitas outras marcas que evidenciam a presença negra na construção cultural do continente americano, levaram-me a pensar a necessidade de elaboração de uma categoria que não se restringiu apenas ao caso brasileiro e que, efetuando uma abordagem mais ampla, levasse em consideração as exigências da interdisciplinaridade. Desse modo, comecei a refletir sobre a categoria de amefricanidade.

2. Racismo, colonialismo, imperialismo e seus efeitos

Sabemos que o colonialismo europeu, nos termos com que hoje o definimos, configura-se no decorrer da segunda metade do século XIX. Nesse mesmo período, o racismo se constituía como a "ciência" da superioridade eurocristã (branca e patriarcal), na medida em que se estruturava o *modelo ariano* de explicação[7] que viria a ser não só o referencial das classificações triádicas do evolucionismo positivista

---

7 Martin Bernal, Black Athena.

das nascentes ciências do homem, como ainda hoje direciona o olhar da produção acadêmica ocidental. Vale notar que tal processo se desenvolveu no terreno fértil de toda uma tradição etnocêntrica pré-colonialista (século XV — século XIX) que considerava absurdas, supersticiosas ou exóticas as manifestações culturais dos povos "selvagens".[8] Daí a "naturalidade" com que a violência etnocida e destruidora das forças do pré-colonialismo europeu se fez abater sobre esses povos. No decurso da segunda metade do século XIX, a Europa transformaria tudo isso numa tarefa de explicação racional dos (a partir de então) "costumes primitivos", numa questão de racionalidade administrativa de suas colônias. Agora, em face da resistência dos colonizados, a violência assumirá novos contornos, mais sofisticados; chegando, às vezes, a não parecer violência, mas "verdadeira superioridade". Os textos de um [Frantz] Fanon ou de um [Albert] Memmi demonstram os efeitos de alienação que a eficácia da dominação colonial exerceria sobre os colonizados.

Quando se analisa a estratégia utilizada pelos países europeus em suas colônias, verifica-se que o racismo desempenhará um papel fundamental na internalização da "superioridade" do colonizador pelos colonizados. E ele apresenta, pelo menos, duas faces que só se diferenciam enquanto táticas que visam ao mesmo objetivo: exploração/opressão. Refiro-me, no caso, ao que comumente é conhecido como *racismo aberto* e *racismo disfarçado*. O primeiro, característico das sociedades de origem anglo-saxônica, germânica ou holandesa, estabelece que negra é a pessoa que tenha tido antepassados negros ("sangue negro nas veias"). De acordo com essa

---

8 Gérard Leclerc, Anthropologie et colonialisme.

articulação ideológica, miscigenação é algo de impensável (embora o estupro e a exploração sexual da mulher negra sempre tenha ocorrido), na medida em que o grupo branco pretende manter sua "pureza" e reafirmar sua "superioridade". Em consequência, a única solução, assumida de maneira explícita como a mais coerente, é a segregação dos grupos não-brancos. A África do Sul, com a sua doutrina do desenvolvimento "igual" mas separado, com o seu "apartheid", é o modelo acabado desse tipo de teoria e prática racistas. Já no caso das sociedades de origem latina, temos o racismo disfarçado ou, como eu o classifico, o *racismo por denegação*. Aqui, prevalecem as "teorias" da miscigenação, da assimilação e da "democracia racial". A chamada América Latina que, na verdade, é muito mais ameríndia e amefricana do que outra coisa, apresenta-se como o melhor exemplo de racismo por denegação. Sobretudo nos países de colonização luso-espanhola, onde as pouquíssimas exceções (como a Nicarágua e o seu *Estatuto de Autonomia de las Regiones de la Costa Atlântica*) confirmam a regra. Por isso mesmo, creio ser importante voltar o nosso olhar para a formação histórica dos países ibéricos.[9] Trata-se de uma reflexão que nos permite compreender como esse tipo específico de racismo pode se desenvolver para se constituir na forma mais eficaz de alienação dos discriminados do que a anterior.

A formação histórica de Espanha e Portugal se deu no decorrer de uma luta plurissecular (a Reconquista), contra a presença de invasores que se diferenciavam não só pela religião que professavam (Islã); afinal, as tropas que invadiram a Ibéria em 711 não só eram

9 Ver Lélia Gonzalez, "Nanny: pilar da amefricanidade", neste livro.

majoritariamente negras (6700 mouros para 300 árabes), como eram comandadas pelo negro general ("Gabel") Tárik-bin-Ziad (a corruptela do termo Gabel Tárik resultou em Gibraltar, palavra que passou a nomear o estreito até então conhecido como Colunas de Hércules). Por outro lado, sabemos que não só os soldados como o ouro do reino negro de Ghana (África Ocidental) tiveram muito a ver com a conquista moura da Ibéria (ou Al-Andulus). Vale notar, ainda, que as duas últimas dinastias que governaram Al-Andalus procediam da África Ocidental: a dos Almorávidas e a dos Almóhadas. Foi sob o reinado destes últimos que nasceu, em Córdoba (1126), o mais eminente filósofo do mundo islâmico, o aristotélico Averróis.[10] Desnecessário dizer que, tanto do ponto de vista racial quanto civilizacional, a presença moura deixou profundas marcas nas sociedades ibéricas (como, de resto, na França, Itália etc.). Por aí se entende porque o racismo por denegação tem, na América Latina, um lugar privilegiado de expressão, na medida em que Espanha e Portugal adquiriram uma sólida experiência quanto aos processos mais eficazes de articulação das relações raciais.[11]

Sabemos que as sociedades ibéricas estruturam-se a partir de um modelo rigidamente hierárquico, onde tudo e todos tinham seu lugar determinado (até mesmo o tipo de tratamento nominal obedecia às regras impostas pela legislação hierárquica). Enquanto grupos étnicos diferentes e dominados, mouros e judeus eram sujeitos a violento controle social e político. As sociedades que vieram a

---

10 Wayne B. Chandler, "The Moor: Light of Europe's Dark Age".
11 Ver Lélia Gonzalez, "Nanny: pilar da amefricanidade", neste livro.

constituir a chamada América Latina foram as herdeiras históricas das ideologias de classificação social (racial e sexual) e das técnicas jurídico-administrativas das metrópoles ibéricas. Racialmente estratificadas, dispensaram formas abertas de segregação, uma vez que as hierarquias garantem a superioridade dos brancos enquanto grupo dominante.[12] A expressão do humorista Millôr Fernandes, ao afirmar que "no Brasil não existe racismo porque o negro reconhece o seu lugar", sintetiza o que acabamos de expor.[13]

Por isso mesmo, a afirmação de que todos são iguais perante a lei assume um caráter nitidamente formalista em nossas sociedades. O racismo latino-americano é suficientemente sofisticado para manter negros e índios na condição de segmentos subordinados no interior das classes mais exploradas, graças à sua forma ideológica mais eficaz: a ideologia do branqueamento. Veiculada pelos meios de comunicação de massa e pelos aparelhos ideológicos tradicionais, ela reproduz e perpetua a crença de que as classificações e os valores do Ocidente branco são os únicos verdadeiros e universais. Uma vez estabelecido, o mito da superioridade branca demonstra sua eficácia pelos efeitos de estilhaçamento, de fragmentação da identidade racial que ele produz: o desejo de embranquecer (de "limpar o sangue", como se diz no Brasil) é internalizado, com a simultânea negação da própria raça, da própria cultura.[14]

---

12 Roberto DaMatta, Relativizando: uma introdução à antropologia.

13 Ver Lélia Gonzalez, "Nanny: pilar da amefricanidade", neste livro.

14 VerLélia Gonzalez, "Por um feminismo afrolatinoamericano", neste livro.

Retomando a outra forma de racismo, a de segregação explícita, constata-se que seus efeitos sobre os grupos discriminados, ao contrário do racismo por denegação, reforça a identidade racial dos mesmos. Na verdade, a identidade racial própria é facilmente percebida por qualquer criança desses grupos. No caso das crianças negras, elas crescem sabendo que o são e sem se envergonharem disso; o que lhes permite desenvolver outras formas de percepção no interior da sociedade onde vivem (nesse sentido, a literatura negro-feminina dos Estados Unidos é uma fonte de grande riqueza; e Alice Walker, praticamente a única conhecida no Brasil, é um belo exemplo). Que se atente, no caso, para os quadros jovens dos movimentos de liberação da África do Sul e da Namíbia. Ou, então, para o fato de o Movimento Negro dos Estados Unidos ter conseguido conquistas sociais e políticas muito mais amplas do que o Movimento Negro da Colômbia, do Peru ou do Brasil, por exemplo. Por aí se entende, também, porque Marcus Garvey, esse extraordinário jamaicano e legítimo descendente de Nanny[15], tenha sido um dos maiores campeões do Panafricanismo ou, ainda, porque o jovem guianense Walter Rodney tenha produzido uma das análises mais contundentes contra o colonialismo-imperialismo, demonstrando *Como a Europa subdesenvolveu a África*[16] e, por isso mesmo, tenha sido assassinado na capital de seu país, a 13 de junho de 1980 (tive a honra de conhecê-lo e de receber o seu estímulo, em seminário promovido pela Universidade da Califórnia em Los Angeles, em 1979).

---

15 Ver Lélia Gonzalez, "Nanny: pilar da amefricanidade", neste livro.
16 Walter Rodney (1974). *How Europe Underdeveloped Africa.*

Por tudo isso, bem sabemos das razões de outros assassínios, como o de Malcolm X ou o de Martin Luther King Jr.

A produção científica dos negros desses países do nosso continente tem se caracterizado pelo avanço, autonomia, inovação, diversificação e credibilidade nacional e internacional; o que nos remete a um espírito de profunda determinação, dados os obstáculos impostos pelo racismo dominante. Mas, como já disse antes, é justamente a consciência objetiva desse racismo sem disfarces e o conhecimento direto de suas práticas cruéis que despertam esse empenho, no sentido de resgate e afirmação da humanidade e competência de todo um grupo étnico considerado "inferior". A dureza dos sistemas fez com que a comunidade negra se unisse a lutasse, em diferentes níveis, contra todas as formas de opressão racista.

Já nas nossas sociedades de racismo por denegação, o processo é diferente, como também foi dito. Aqui, a força do cultural apresenta-se como a melhor forma de resistência. O que não significa que vozes solitárias não se ergam, efetuando análises/denúncias do sistema vigente. Foram os efeitos execráveis do assimilacionismo francês que levaram o psiquiatra martiniquenho Frantz Fanon a produzir suas análises magistrais sobre as relações sócio-económicas e psicológicas entre colonizador/colonizado.[17] No caso brasileiro, temos a figura do Honorável (título recebido em conferência internacional do mundo negro, em 1987) Abdias do Nascimento, cuja rica produção (análise/denúncia, teatro, poesia e pintura) não é reconhecida por muitos de

---

17 Frantz Fanon, *Os condenados da Terra*; Pele negra, máscaras brancas.

seus irmãos e absolutamente ignorada pela intelectualidade "branca" do país (acusam-no de sectarismo ou de "racista às avessas"; o que, logicamente, pressupõe um "racismo às direitas"). É interessante notar que, tanto um Fanon quanto um Nascimento só foram reconhecidos e valorizados internacionalmente e não em seus países de origem (Fanon só mereceu as homenagens de seu país após sua morte prematura; daí ter expressado, em seu leito de morte, o desejo de ser sepultado na Argélia). Desnecessário ressaltar a dor e a solidão desses irmãos, desses exemplos de efetiva militância negra.

Todavia, na minha perspectiva, uma grande contradição permanece quando se trata das formas político-ideológicas de luta e de resistência negra no Novo Mundo. Continuamos passivos em face da postura político-ideológica da potência imperialisticamente dominante da região: os Estados Unidos. Foi também por esse caminho que comecei a refletir sobre *a categoria de amefricanidade*.

Como vimos anteriormente, o Brasil (país de maior população negra do continente) e a região caribenha apresentam grandes similaridades, no que diz respeito à africanização do continente. Todavia, quando se trata dos Estados Unidos, sabemos que os africanos escravizados sofreram uma duríssima repressão em face da tentativa de conservação de suas manifestações culturais (mão amputada caso tocassem atabaque, por exemplo). O puritanismo do colonizador angloamericano, preocupado com a "verdadeira fé", forçou-os à conversão e à evangelização, ou seja, ao esquecimento de suas *Raízes* africanas (o comovente texto de Alex Haley revela-nos todo o significado desse processo). Mas a resistência cultural manteve-se, e clandestinamente, sobretudo em comunidades da

Carolina do Sul. E as reinterpretações, as recriações culturais dos negros daquele país ocorreram fundamentalmente no interior das igrejas do protestantismo cristão. A Guerra de Secessão trouxe-lhes a abolição do escravismo e com esta, a Ku Klux Klan, a segregação e o não-direito à cidadania. As lutas heróicas desse povo discriminado culminaram com o Movimento pelos Direitos Civis, movimento que comoveu o mundo inteiro e que inspirou os negros de outros lugares a também se organizarem e lutarem por seus direitos.

Minoria ativa e criadora, vitoriosa em suas principais reivindicações, a coletividade negra dos Estados Unidos aceitou e rejeitou uma série de termos de auto-identificação: *"Colored"*, *"Negro"*, *"Black"*, *"Afro-American"*, *"African-American"*. Foram esses dois últimos termos que nos chamaram atenção para a contradição neles existente.

3. A categoria de amefricanidade

Os termos *"Afro-American"* (afro-americano) e *"African-American"* (africano-americano) remetem-nos a uma primeira reflexão: a de que só existiriam negros nos Estados Unidos e não em todo o continente. E a uma outra, que aponta para a reprodução inconsciente da posição imperialista dos Estados Unidos, que afirmam ser "A AMÉRICA". Afinal, o que dizer dos outros países da AMÉRICA do Sul, Central, Insular e do Norte? Por que considerar o Caribe como algo de separado, se foi ali, justamente, que se iniciou a história dessa AMÉRICA? É interessante observar alguém que sai do Brasil, por exemplo, dizer que está indo para "a América". É que todos nós, de qualquer região do continente, efetuamos a mesma reprodução, perpetuamos o imperialismo dos Estados Unidos, chamando seus habitantes de "americanos". E nós, o que somos, asiáticos?

Quanto a nós, negros, como podemos atingir uma consciência efetiva de nós mesmos, enquanto descendentes de africanos, se permanecemos prisioneiros, "cativos de uma linguagem racista"? Por isso mesmo, em contraposição aos termos supracitados, eu proponho o de *amefricanos* ("*Amefricans*") para designar a todos nós.[18]

As implicações políticas e culturais da categoria de Amefricanidade ("*Amefricanity*") são, de fato, democráticas; exatamente porque o próprio termo nos permite ultrapassar as limitações de caráter territorial, linguístico e ideológico, abrindo novas perspectivas para um entendimento mais profundo dessa parte do mundo onde ela se manifesta: A AMÉRICA e como um todo (Sul, Central, Norte e Insular). Para além do seu caráter puramente geográfico, a categoria de Amefricanidade incorpora todo um processo histórico de intensa dinâmica cultural (adaptação, resistência, reinterpretação e criação da novas formas) que é afrocentrada, isto é, referenciada em modelos como: a Jamaica e o akan, seu modelo dominante; o Brasil e seus modelos yorubá, banto e ewe-fon. Em consequência, ela nos encaminha no sentido da construção de toda uma identidade étnica. Desnecessário dizer que a categoria de Amefricanidade está intimamente relacionada àquelas de *Panafricanismo*, "*Négritude*", "*Afrocentricity*" etc.

Seu valor metodológico, a meu ver, está no fato de permitir a possibilidade de resgatar uma *unidade específica*, historicamente

---

18 Lélia Gonzalez, "A Socio-Historic Study of South American Christianity: The Brazilian Case".

forjada no interior de diferentes sociedades que se formaram numa determinada parte do mundo. Portanto, a *Améfrica*, enquanto sistema etnogeográfico de referência, é uma criação nossa e de nossos antepassados no continente em que vivemos, inspirados em modelos africanos. Por conseguinte, o termo *amefricanas/amefricanos* designa toda uma descendência: não só a dos africanos trazidos pelo tráfico negreiro, como a daqueles que chegaram à AMÉRICA muito antes de Colombo, Ontem como hoje, *amefricanos* oriundos dos mais diferentes países têm desempenhado um papel crucial na elaboração dessa Amefricanidade que identifica, na Diáspora, uma experiência histórica comum que exige ser devidamente conhecida e cuidadosamente pesquisada. Embora pertençamos a diferentes sociedades do continente, sabemos que o sistema de dominação é o mesmo em todas elas, ou seja: o racismo, essa elaboração fria e extrema do modelo ariano de explicação, cuja presença é uma constante em todos os níveis de pensamento, assim com parte e parcela das mais diferentes instituições dessas sociedades.

Como já foi visto no início deste trabalho, o racismo estabelece uma hierarquia racial e cultural que opõe a "superioridade" branca ocidental à "inferioridade" negroafricana. A África é o continente "obscuro", sem uma história própria (Hegel); por isso, a Razão é branca, enquanto a Emoção é negra. Assim, dada a sua "natureza sub-humana", a exploração sócio-econômica dos amefricanos por todo o continente é considerada "natural". Mas, graças aos trabalhos de *autores africanos e amefricanos* — Cheik Anta Diop, Théophile Obenga, Amílcar Cabral, Kwame Nkruma, W.E. Dubois, Chancellor Williams, George C.M. James, Yosef A.A. Ben-Jochannan, Ivan

Van Sertima, Frantz Fanon, Walter Rodney, Abdias do Nascimento e tantos outros — sabemos o quanto a violência do racismo e de suas práticas despojaram-nos do nosso legado histórico, da nossa dignidade, da nossa história e da nossa contribuição para o avanço da humanidade nos níveis filosófico, científico, artístico e religioso; o quanto a história dos povos africanos sofreu uma mudança brutal com a violenta investida europeia, que não cessou de subdesenvolver a África[19]; e como o tráfico negreiro trouxe milhões de africanos para o Novo Mundo...

Partindo de uma perspectiva histórica e cultural, é importante reconhecer que a experiência amefricana diferenciou-se daquela dos africanos que permaneceram em seu próprio continente. Ao adotarem a autodesignação de afro/africano-americanos, nossos irmãos dos Estados Unidos também caracterizam a *denegação* de toda essa rica experiência vivida no Novo Mundo e da consequente criação da Améfrica. Além disso, existe o fato concreto dos nossos irmãos de África não os considerarem corno verdadeiros africanos. O esquecimento ativo de uma história pontuada pelo sofrimento, pela humilhação, pela exploração, pelo etnocídio, aponta para uma perda de identidade própria, logo reafirmada alhures (o que é compreensível, em face das pressões raciais no próprio país). Só que não se pode deixar de levar em conta a heróica resistência e a criatividade na luta contra a escravização, o extermínio, a exploração, a opressão e a humilhação. Justamente porque, enquanto descendentes de africanos, a *herança africana* sempre foi a grande fonte revificadora de nossas forças. Por tudo isso, enquanto

---

19 Walter Rodney, *How Europe Underdeveloped Africa.*

amefricanos, temos nossas contribuições específicas para o mundo panafricano. Assumindo nossa Amefricanidade, podemos ultrapassar uma visão idealizada, imaginária ou mitificada da África e, ao mesmo tempo, voltar o nosso olhar para a realidade em que vivem todos os *amefricanos* do continente.

"Toda linguagem é epistêmica. Nossa linguagem deve contribuir para o entendimento de nossa realidade. Uma linguagem revolucionária não deve embriagar, não pode levar à confusão", ensina Molefi Kete Asante, criador da perspectiva afrocentrada. Então, quando ocorre a autodesignação de afro/africano-americano, o real dá lugar ao imaginário e a confusão se estabelece (afro/africano-*americanos*, afro/africano-*colombianos*, afro/africano-*peruanos* e por aí afora); assim como uma espécie de hierarquia: os afro/africano-*americanos* ocupando o primeiro plano, ao passo que os garífunas da América Central ou os "índios" da República Dominicana, por exemplo, situam-se no último (afinal, eles nem sabem que são afro/africanos...). E fica a pergunta: o que pensam os afro/africano-africanos?

Vale notar que, na sua ansiedade de ver a África em tudo, muitos dos nossos irmãos dos Estados Unidos que agora descobrem a riqueza da criatividade cultural baiana (como muitos latinos do nosso país) correm em massa para Salvador, buscando descobrir "sobrevivências" de culturas africanas. E o engano se dá num duplo aspecto: a visão evolucionista (e eurocêntrica) com relação às "sobrevivências" e a cegueira em face da explosão criadora de algo desconhecido, a nossa Amefricanidade. Por tudo isso, e muito mais, acredito que politicamente é muito mais democrático, culturalmente muito mais realista e logicamente muito mais coerente, identificar-nos a partir da categoria de Amefricanidade e nos autodesignarmos *amefricanos*: de Cuba, do Haiti, do Brasil, da República Dominicana, dos Estados Unidos e de todos os outros países do continente.

"Uma ideologia de libertação deve encontrar sua experiência em nós mesmos; ela não pode ser externa a nós e imposta por outros que não nós próprios; deve ser derivada da nossa experiência histórica e cultural particular".[20] Então, por que não abandonar as reproduções de um imperialismo que massacra não só os povos do continente, mas de muitas outras partes do mundo e reafirmar a particularidade da nossa experiência na AMÉRICA como um todo, sem nunca perder a consciência da nossa dívida e dos profundos laços que temos com a África?

Num momento em que se estreitam as relações entre os descendentes de africanos em todo o continente, em que nós, amefricanos, mais do que nunca, constatamos as grandes similaridades que nos unem, a proposta de M.K. Asante me parece da maior atualidade. Sobretudo se pensamos naqueles que, num passado mais ou menos recente, deram o seu testemunho de luta e de sacrifício, abrindo caminhos e perspectivas para que, hoje, nós possamos levar adiante o que eles iniciaram. Daí a minha insistência com relação à categoria de Amefricanidade, que floresceu e se estruturou no decorrer dos séculos que marcam a nossa presença no continente.

Já na época escravista, ela se manifestava nas revoltas, na elaboração de estratégias de resistência cultural, no desenvolvimento

---

20 Molefi K. Asante, *Afrocentricity* , p. 31.

de formas alternativas de organização social livre, cuja expressão concreta se encontra nos *quilombos, cimarrones, cumbes, palenques, marronages* e *maroon societies*, espraiadas pelas mais diferentes paragens de todo o continente.[21] E mesmo antes, na chamada América Pré-Colombiana, ela já se manifestava, marcando decisivamente a cultura dos *olmecas*, por exemplo.[22] Reconhecê-la é, em última instância, reconhecer um gigantesco trabalho de dinâmica cultural que não nos leva para o lado do Atlântico, mas que nos traz de lá e nos transforma no que somos hoje: amefricanos.

---

21 Elisa Larkin Nascimento, *Pan-africanismo na América do Sul: emergência de uma rebelião negra.*
22 Ivan Van Sertima, *They Came Before Columbus: The African Presence in Ancient America.*

REFERÊNCIAS BIBLIOGRÁFICAS

ASANTE, Molefi K. (1988). *Afrocentricity.* Trenton, Africa World Press.

BERNAL, Martin (1987). *Black Athena. New Brunswisck — New Jersey,* Rutgers University Press.

CHANDLER, Wayne B. (1987). "The Moor: Light of Europe's Dark Age", in VAN SERTIMA, I. (org.) *African Presence in Early Europe.* New Brunswisck - Oxford, Transactíon Books (3- ed.).

DA MATTA, Roberto (1984). Relativizando; tuna Introdução à Antropologia. Petrópolis, Vozes (4- ed.).

FANON, Frantz (1979). *Os Condenados da Terra.* Rio de Janeiro, Ed. Civilização Brasileira (2- ed,),

______. (1983). *Pele Negra, Máscaras Brancas.* Salvador, Ed. Fator (Coleção Outra Gente).

GONZALEZ, Lélia (1983). "Racismo e Sexismo na Cultura Brasileira", in *Movimentos Sociais Urbanos, Minorias Étnicas e Outros Estudos.* Brasília, ANPOCS (Ciências Sociais Hoje, n- 2).

______. (1988a). "Por um Feminismo Afrolatinoamericano" in Revista Isis, julho/88.

______. (1988b). "Nanny: Pilar da Amefricanidade" in Revista Humanidades, ns 17, Brasília, Editora da UNB.

______. (1988c). "A Socio-Historic Study of South American Christianity: The Brazilian Case" (Comunicação apresentada na "First Pan-African Christian Churches Conference", promovida pelo International Theological Center. Atlanta, 17-23/07/88).

LAPLANCHE, J. e PONTALIS, J.-B. (1970). *Vocabulário da Psicanálise*. Santos, Livraria Martins Fontes.

LARKIN NASCIMENTO, Elisa (1981). *Pan-Africanismo na América do Sul: Emergência de uma Rebelião Negra*. Petrópolis, Vozes.

LECLERC, Gérard (1972). *Anthropologie et Colonialisme*. Paris, Fayard.

MAGNO, M.D, (1981). *Améfrica Ladina: Introdução a uma Abertura*, Rio, Colégio Freudiano do Rio de Janeiro.

RODNEY, Walter (1974). *How Europe Underdeveloped Africa*. Washington D.C., Howard University Press (2- ed.).

VAN SERTIMA, Ivan (1976), *They Came Before Columbus: The African Presence in Ancient America*. New York, Random House.

MULHER NEGRA

Situação da população negra

Desde a independência aos dias atuais, todo um pensamento e uma prática político-social preocupados com a chamada *questão nacional* têm procurado excluir a população negra de seus projetos de construção da nação brasileira. Assim sendo, não foi por acaso que os imigrantes europeus concentraram-se em regiões que, do ponto de vista político e econômico, detêm a hegemonia quanto à determinação dos destinos do país. Refiro-me sobretudo à região Sudeste. Por isso mesmo, pode-se afirmar a existência de uma *divisão racial do espaço* em nosso país[1], uma espécie de segregação, com acentuada polarização, extremamente desvantajosa para a população negra: quase dois terços da população branca (64%) concentra-se na região mais desenvolvida do país, enquanto a população negra, quase na mesma proporção (69%), concentra-se no resto do país, sobretudo em regiões mais pobres como é o caso do Nordeste e de Minas Gerais.[2]

---

1 Lélia Gonzalez, "A juventude negra brasileira e a questão do desemprego".
2 Carlos Hasenbalg, *Discriminação e desigualdades raciais no Brasil.*

Caracterizando sumariamente a formação social brasileira, diríamos que ela se estrutura em termos de acumulação capitalista dependente ou periférica, com conflito de interesses de classes antagônicas e onde o sistema político de dominação da classe dominante é rigoroso. E uma de suas contradições básicas é justamente "a cristalização de desigualdades extremas entre 'regiões' brasileiras, onde se pode distinguir onde se pode distinguir uma região *dominante* e outras regiões *dominadas*, unidas num processo estruturalmente articulado, e a consequente reprodução dos níveis de pobreza e miséria em que vivem suas populações".[3] Acontece que o modelo de desenvolvimento econômico brasileiro marcou, nas duas últimas décadas, a consolidação da sociedade capitalista em nosso país. Altas taxas de crescimento da economia e a acelerada urbanização, estimuladas pela intervenção direta do Estado, resultaram num tipo de "integração" das regiões subdesenvolvidas às exigências da industrialização do Sudeste. Como sabemos, a lógica interna que determina a expansão do capitalismo industrial em sua fase monopolista entrava o crescimento equilibrado das forças produtivas nas regiões subdesenvolvidas. Estabelece-se, desse modo, o que Num (1978) caracterizou como *desenvolvimento desigual e combinado* que, dentre outros efeitos, remete à dependência neocolonial e a um "colonialismo interno".[4]

Por isso mesmo, os aspectos positivos do desenvolvimento econômico brasileiro (cuja fase culminante ficou conhecida como

---

3 Zaira Ary Farias, *Domesticidade: "cativeiro" feminino?*, p. 46 (grifos da autora).
4 José Nun, "Superpopulação relativa, exército industrial de reserva e massa marginal".

"milagre brasileiro": 1968-1973) foram neutralizados por determinados fatores que confirmam o que dissemos mais acima. De acordo com Hasenbalg e Valle Silva[5], destacam-se, entre esses fatores:

a. *Deterioração das condições de vida dos estratos urbanos de baixa renda.* Não esqueçamos que o deslocamento de grandes contingentes de mão de obra do campo para os centros urbanos determinou, não o crescimento populacional destes últimos, mas a sua "inchação", com a conseqüente formação de bairros periféricos e de favelas (na cidade do Rio de Janeiro, por exemplo, existiam 757 mil favelados em 1970; em 1980, seu número aumentou para 1.740 mil, passando a constituir cerca de 34% da população do município), onde se pôde constatar: aumento da mortalidade infantil, aumento dos acidentes de trabalho, deterioração e crescimento insuficiente da infra-estrutura urbana de transportes, problemas habitacionais e de saneamento básico, altos índices de evasão escolar no primeiro grau, insuficiências quanto ao atendimento médico-hospitalar do sistema previdenciário, etc. Desnecessário dizer que esse subproletariado é constituído majoritariamente por negros.

b. *Concentração de renda.* Apesar das mudanças da estrutura de classes durante esses vinte anos, os pobres ficaram mais pobres e os ricos mais ricos (não esqueçamos que ainda em 1980, *um terço* da população economicamente ativa – PEA, encontrava-se na faixa salarial de *até 1 salário* mínimo mensal[6], sobretudo no que se refere

---

5 Carlos Hasenbalg e Nelson Valle Silva, *Industrialização, emprego e estratificação social no Brasil.*
6 Cerca de U$ 60.00, em julho de 1985.

ao campo. Continuando sua análise, os autores citados informam que, em 1970, os 50% mais pobres participavam em 14,9% dos rendimentos obtidos pela PEA; em 1980, essa participação baixou para 12,6%; os 10% mais ricos aumentaram sua apropriação de 46,7% para 50,9%; o 1% mais rico passou de 14,7% para 16,9%, superando consideravelmente sua apropriação, se comparada àquela recebida pelos 50% mais pobres. No campo, entretanto, é que esses percentuais se tornam gritantemente desiguais: o dos 50% mais pobres cai de 22,4% para 14,9%, enquanto o do 1% mais rico elevou-se de 10,5% para 29,3%.

Pelo exposto, o desenvolvimento econômico brasileiro, segundo esses analistas, resultou num modelo de *modernização conservadora excludente*. Poderíamos considerá-lo, também, a partir da noção de *desenvolvimento desigual e combinado*, em que a formação de uma massa marginal, de um lado, assim como a dependência neocolonial e a permanência de formas produtivas anteriores, de outro, constituem-se como fatores que triplicam o sistema. Vale notar que a noção de massa marginal diz respeito à força de trabalho que, enquanto superpopulação relativa, torna-se supérflua em face do processo de acumulação hegemônico, representado pelas grandes empresas monopolistas. As questões relativas ao desemprego e ao subemprego incidem justamente sobre essa superpopulação.

É nesse sentido que o racismo, enquanto articulação ideológica e conjunto de práticas, denota sua eficácia estrutural na medida em que remete a uma *divisão racial do trabalho* extremamente útil e compartilhado pelas formações socioeconômicas capitalistas e multirraciais contemporâneas. Em termos de manutenção do equilíbrio do sistema como um todo, ele é um dos critérios de maior importância na articulação dos mecanismos de recrutamento para as posições na estrutura de classes e no sistema de estratificação social. Portanto, o desenvolvimento econômico brasileiro, enquanto desigual e combinado, manteve a força de trabalho negra na condição de massa marginal, em tempos de capitalismo industrial monopolista, e de exército de reserva, em termos de capitalismo industrial competitivo (satelitizado pelo setor hegemônico do monopólio).

Não é casual, portanto, o fato da força de trabalho negra permanecer confinada nos empregos de menor qualificação e pior remuneração. A sistemática discriminação sofrida no mercado de trabalho remete a uma concentração desproporcional de negros nos setores *agrícola, da construção civil e da prestação de serviços*. Segundo o Censo de 1980, esses setores absorvem 68% de negros e 52% de brancos. Como já dissemos anteriormente, um terço (33%) da PEA, em 1980, recebia até 1 salário mínimo. Se analisarmos essa percentagem em termos de composição racial, teremos 24% de brancos e 47% de negros. Do outro lado do espectro de rendimentos, a proporção de pessoas com renda mensal superior a 10 SM era de 3,72%: os brancos constituíam 8,5% e os negros cerca de 1,5%. De acordo com os dados da PNAD-82, houve um momento da proporção dos que ganham até 1 SM, que passaram de 33% para 36%, numa prova patente do empobrecimento do país. Desnecessário dizer que os negros foram os que mais sofreram: de 44% passaram para cerca de 50%, enquanto os brancos foram de 24% para 28%. E é justamente no Nordeste (9 milhões de negros para 3,8 milhões de brancos) que ficam evidenciadas as maiores desigualdades: de cada 10 negros integrados na PEA, 6 ganham até 1 SM. A distribuição de renda, como vemos, não deixa de constituir um dos aspectos das desigualdades raciais em nosso país.

Uma outra dimensão dessas desigualdades se faz presente no acesso ao sistema educacional e às oportunidades de escolarização. O Censo de 1980 revelava a existência de 35% de analfabetos na população maior de 5 anos. Entre os brancos, a proporção era de 25%, enquanto entre os negros era de 48%, ou seja, quase o dobro. Os graus de desigualdade educacional acentuam-se ainda mais, quando se trata de acesso aos níveis mais elevados de escolaridade. Em 1980, os brancos tinham 1,6 vezes mais oportunidades de completarem de 5 a 8 anos de estudos, 2,5 vezes mais de completarem de 9 a 11 anos de estudo e 6 vezes mais de completarem 12 anos ou mais de estudos.[7] E isto significa que os negros já nascem com menos chance de chegarem ao segundo grau e praticamente nenhuma de atingirem a universidade.

Situação da mulher negra

As transformações ocorridas na sociedade brasileira, no período 1968-1980, tiveram um impacto considerável na força de trabalho feminina, sobretudo nos anos setenta. "A primeira metade da década foi o auge do 'milagre brasileiro'. (...) A força de trabalho feminina dobra de 1970 para 1976. Mais interessante ainda: em 1969 havia cem mil mulheres na universidade para duzentos mil homens. Em 1975

---

7 Ibid., p. 7.

este número tinha subido para cerca de quinhentas mil mulheres (para quinhentos e oito mil homens), passando da proporção de 1:2, em 69, para 1:1 em 75. O número de mulheres na universidade havia quintuplicado em cinco anos! Vemos aí como se conjugam, então, os fatores econômicos reforçando os comportamentais e vice-versa. Isto pode explicar, ao menos em parte, em que nestes primeiros cinco anos da década, mesmo sem haver movimento organizado, tenha surgido interesse tão agudo para o problema da mulher. Foi nesses cinco anos, mesmo, que se processou *a maior transformação da condição da mulher* na história de nosso País".[8] E, num outro contexto, lemos: "Em definitivo, as mulheres não só tendem a conseguir uma melhor distribuição na estrutura ocupacional, como também *abandonam os setores da atividade que absorvem a força de trabalho menos qualificada e pior remunerada*, para ingressar em proporções crescentes na indústria e nos serviços modernos".[9]

Pelo exposto na primeira parte deste trabalho, os trechos acima reproduzidos não se referem, de modo algum, à mulher ou mulheres negras. Por conseguinte, algumas questões impõem-se à nossa reflexão. E a primeira delas diz respeito à situação da mulher negra no interior da população economicamente ativa, à sua inserção na força de trabalho.

Como os trabalhadores negros (92,4%), as trabalhadoras negras concentram-se sobretudo nas ocupações manuais (83%), o que

---

8 Rose Marie Muraro, *Sexualidade da mulher brasileira,* p. 14 (grifos nossos).
9 Carlos Hasenbalg e Nelson Valle Silva, op. cit., p. 40 (grifos nossos).

significa: 4/5 da força de trabalho negra tem uma inserção ocupacional caracterizada por baixos níveis de rendimentos e de escolaridade. As trabalhadoras negras encontram-se alocadas em ocupações manuais rurais (da agropecuária e da extrativa vegetal) e urbanas (prestação de serviços), tanto como assalariadas quanto como autônomas e não remuneradas. Já a proporção de mulheres brancas nas ocupações manuais é bem menor: 61,5%.[10]

Enquanto isso, nas *ocupações não-manuais*, a presença da trabalhadora negra ocorre em proporções muito menores: 16,9% para 38,5% de trabalhadoras brancas. A análise dessas ocupações, divididas em dois níveis, o médio e o superior, revela-nos aspectos bastante interessantes com relação às dificuldades de mobilidade social ascendente para a mulher negra. Naquelas de nível médio (pessoal de escritório, bancárias, caixas, professoras de primeiro grau, enfermeiras, recepcionistas, etc.), a concentração de mulheres é muito maior que a de homens. Mas, se a dimensão racial é inserida entre elas, a constatação é que a proporção de negras também é muito menor (14,4%) que a de brancas (29,7%). Como em muitas das atividades de nível médio exige-se contato direto com o público, torna-se evidente a dificuldade de acesso que as mulheres negras têm com relação a elas (questão de "boa aparência"). Quando se trata das profissionais de nível superior, das empresárias e das administradoras, a presença da mulher negra é quase de invisibilidade: 2,5% para 8,8%.

No que diz respeito às diferenças de rendimento médio, o Censo de 1980 apresenta-nos os seguintes dados: até 1 salário mínimo, um

---

10 Lucia E. Oliveira, Rosa M. Porcaro e Teresa C. N. Araujo Costa, *O lugar do negro na força de trabalho.*

percentual de 23,4% de homens brancos, 43% de mulheres brancas, 44,4% de homens negros e 68,9% de mulheres negras. De 1 a 3 SM, 42,5% de homens brancos, 38,9% de mulheres brancas, 42,4% de homens negros e 26,7% de mulheres negras. De 3 a 5 SM: 14,6% de homens brancos, 9,5% de mulheres brancas, 8,0% de homens negros e 3,1% de mulheres negras. E, dentre aqueles com rendimentos acima de 10 SM: 8,5% de homens brancos, 2,4% de mulheres brancas, 1,4% de homens negros e 0,3% de mulheres negras.[11]

Comparativamente às famílias brancas pobres, a situação das famílias negras não é de igualdade. Já a PNAD-76 demonstrava que, em termos de renda familiar até 3 SM, por exemplo, a situação era a seguinte: cerca de 50% de famílias brancas para 75% de famílias negras. As diferenças eram e continuam expressivas, quando se trata da taxa de atividade dessas famílias: a das negras é bem maior que a das brancas. Isto significa que o número de membros das famílias negras inseridos na força de trabalho é muito maior que aquele das famílias brancas para a obtenção do mesmo rendimento familiar. Um dos efeitos desse trabalhar mais e ganhar menos implica no lançar mão do trabalho do menor. Por isso mesmo, a proporção de menores negros na força de trabalho é muito maior que a de menores brancos (e estamos falando daqueles que se encontram na faixa dos 10 aos 17 anos). Por aí se entende porque nossas crianças mal conseguem cursar o primeiro grau: não se trata, como pensam e dizem alguns, de uma "incapacidade congênita da raça" para as atividades intelectuais, mas do fato de que, desde muito cedo, têm que "ir à luta" para ajudar na sobrevivência da própria família.

---

11 Carlos Hasenbalg e Nelson Valle Silva, op. cit., p. 11.

Em pesquisa que realizamos com mulheres negras de baixa renda (1983), muito poucas, dentre nossas entrevistas, começaram a trabalhar já adultas. Migrantes na grande maioria (principalmente vindas de Minas Gerais, do Nordeste ou do interior do Estado do Rio de Janeiro), e muitas vezes já tendo "trabalhado na roça", entravam na força de trabalho por volta dos 8-9 anos de idade para "ajudar em casa". Desnecessário dizer que, nos centros urbanos, começavam a trabalhar "em casa de família", além de tentarem frequentar alguma escola. Pouquíssimas conseguiram "fazer o primário". Um dos depoimentos mais significativos para nós, o de Maria, fala-nos das dificuldades da menina negra e pobre, filha de pai desconhecido, em face de um ensino unidirecionado, voltado para valores que não os dela. E, contando seus problemas de aprendizagem, ela não deixava de criticar o comportamento de professores (autoritariamente colonialistas) que, na verdade, só fazem reproduzir práticas que induzem nossas crianças a deixar de lado uma escola onde os privilégios de raça, classe e sexo constituem o grande ideal a ser atingido, através do saber "por excelência", emanado da cultura "por excelência": a ocidental burguesa.

Por isso mesmo, o texto de abertura desta segunda parte do nosso trabalho[12] é bastante sintomático: se as transformações da sociedade brasileira nos últimos vinte anos favoreceram *a mulher*, não podemos deixar de ressaltar que essa forma de universalização abstrata encobre a realidade vivida, e duramente, pela *grande excluída* da modernização conservadora imposta pelos donos do poder do Brasil pós-64: a mulher negra. É por aí que se entende,

---

12 Rose Marie Muraro, *Sexualidade da mulher brasileira*, p. 14.

por exemplo, uma das contradições do movimento de mulheres no Brasil. Apesar de suas reivindicações e de suas conquistas, ele acaba por reproduzir aquilo que Hasenbalg sintetizou com felicidade: "No registro que o Brasil tem de si mesmo, o negro tende à condição de invisibilidade".[13] Apesar das poucas e honrosas exceções, no sentido e maior entendimento da situação da mulher negra (e Muraro é uma delas), poderíamos dizer que a dependência cultural é uma das características desse movimento em nosso país.

A participação da mulher negra

O desenvolvimento e a expansão dos movimentos sociais, na segunda metade dos anos setenta, propiciou a mobilização e a participação de amplos setores da população brasileira, no sentido da reivindicação de seus direitos e de uma intervenção política mais direta. No caso da população negra, vamos encontrá-la sobretudo no Movimento Negro e no Movimento de Associação de Moradores nas favelas e bairros periféricos (ressaltando-se aí, o papel e a importância do Movimento de Favelas).

O movimento Negro desempenhou um papel de extrema relevância na luta anti- racista em nosso país, sensibilizando inclusive os setores não negros e buscando mobilizar as diferentes áreas da comunidade afro-brasileira para a discussão do racismo e suas práticas.

Importa dizer que os principais protagonistas dos movimentos

---

13 Lélia Gonzalez e Carlos Hasenbalg, *Lugar de negro*, p. 105.

políticos negros atuais são os filhos dos primeiros negros a ingressarem de forma definitiva na classe operária e nas classes médias, dos heróis da migração interna; são mesclados entre os primeiros estudantes negros a ingressarem na universidade, jovens operários e trabalhadores negros e dançarinos de *soul* – símbolo moderno da contestação da juventude negra à dominação branca e da miopia dos liberais ante o racismo e sua falsa consciência nacional.[14]

Os centros, a partir dos quais a luta cresceu, foram as cidades de São Paulo e Rio de Janeiro que, bem no coração do Sudeste, apresentaram, de imediato, as evidências das contradições do "milagre brasileiro". E dentre esses movimentos, vale ressaltar o Movimento Negro Unificado que, em seus primeiros dois anos de existência (1978-1980), não só se estendeu a outros estados do Sudeste, do Nordeste e do Sul, como desenvolveu uma série de atividades que muito contribuíram para o avanço da consciência democrática, anti-racista e anti-colonialista em nosso país. E a presença de mulheres negras, não apenas na criação como na sua direção, não pode ser esquecida.[15]

Enquanto o Movimento Negro desenvolveu-se a partir sobretudo de setores das classes médias negras, o Movimento de Favelas organizou-se a partir do subproletariado urbano em associações de moradores. Como já vimos, o processo de favelização dos grandes centros urbanos do Sudeste determinou a presença altamente

---

14 Hamilton Cardoso, "Movimentos negros é preciso ou Aspectos econômicos da opressão racial", p. 46.
15 Lélia Gonzalez, *A mulher negra na sociedade brasileira.*

representativa desse novo contingente populacional (os supracitados heróis da migração) que não aceitou passivamente a sua exclusão do "processo do Brasil". Suas reivindicações vão desde a exigência de melhores condições de habitação/saneamento básico, de transporte, educação, saúde, etc., ao título de propriedade do solo urbano que ocupam. Dado o seu caráter inovador, o Movimento de Favelas acabou por influenciar os setores da classe média no sentido também de se organizarem em associações de moradores. Em termos de Rio de Janeiro, por exemplo, a existência de dois tipos de organizações apontam para esse fato: a FAFERJ (favelas) e a FAMERJ (bairros). Desnecessário dizer que a presença de mulheres negras no Movimento de Favelas tem sido altamente representativa.

No que diz respeito aos primeiros grupos organizados de mulheres negras, durante esse período, eles surgem no interior do Movimento Negro. E isto, em parte, se explica pelo fato de que os setores médios da população negra que conseguiram entrar no processo competitivo do mercado de trabalho no setor das ocupações não-manuais são aqueles mais expostos às práticas discriminatórias de mão de obra.[16] Assim sendo, é no Movimento Negro que se encontra o espaço necessário para as discussões e o desenvolvimento de uma consciência política a respeito do racismo e suas práticas e de articulações com a exploração de classe. Por outro lado, o Movimento Feminista ou de Mulheres, que tem suas raízes nos setores mais avançados da classe média branca, geralmente "se esquece" da questão racial, como já dissemos

----

16 Lucia E. Oliveira, Rosa M. Porcaro e Teresa C. N. Araujo Costa, op. cit.

anteriormente. E esse tipo de ato falho, a nosso ver, tem raízes históricas e culturais profundas.[17]

O desempenho das mulheres negras na formação do Movimento Negro no Rio de Janeiro, por exemplo, foi da maior importância. Vejamos o que nos diz a antropóloga Maria Berriel, da Universidade Federal Fluminense, na comunicação que apresentou no evento Secneb-84[18] e que foi por nós gravada (sem a revisão da autora). Seu envolvimento com a questão negra iniciou-se em 1969, da seguinte maneira:

> *Foi sobretudo percebendo as dificuldades de alunos negros (por força da expansão do capitalismo, nós começamos a receber alunos negros na universidade); ocorreu que muitos dos nossos alunos estavam com dificuldades no mercado de trabalho. Então, resolvi fazer uma pesquisa para avaliar os artifícios e as estratégias que impediam o aproveitamento do negro na esfera ocupacional. Esses alunos não só – juntamente com alunos brancos – entraram numa faixa de atividade bastante atuante, como até fizeram uma dramatização: recortavam anúncios, apresentavam-se nos lugares e, em seguida, os alunos brancos os substituíam; e sentia-se todo o*

---

17 Ver Lélia Gonzalez, "Racismo e sexismo na cultura brasileira", neste livro.
18 Salvador, 9-14 abr. 1984.

esquema de restrição montado claramente. (...) E
dali, houve um contato com a Cândido Mendes,
que passou a organizar congressos, ou melhor,
encontros.

E esses encontros ocorreram sobretudo por iniciativa da professora Maria Beatriz Nascimento que, já desde 1972, encontrava-se à frente da Semana Cultural Negra, realizada na UFF (semana esta que, ainda segundo Berriel, ela "organizou insistentemente, aceitando os desafios que foram colocados gradativamente, na medida em que a semana ia sendo implantada").

Os históricos encontros na Universidade Cândido Mendes (Rio de Janeiro-RJ) atraíram toda uma nova geração negra que ali passou a se reunir para discutir o racismo e suas práticas, enquanto modo de exclusão da comunidade negra. Vivia-se, naqueles momentos, a euforia do "milagre brasileiro", do "ninguém segura este país" e coisas que tais. Mas a "negadinha" ali reunida (fins de 1973 / início de 1974) sabia muito bem o que isto significava para a nossa comunidade. E, fato da maior importância (comumente "esquecido" pelo próprio Movimento Negro), era justamente o da atuação das mulheres negras que, ao que parece, antes mesmo da existência de organizações do Movimento de Mulheres, reuniam-se para discutir o seu cotidiano marcado, por um lado, pela discriminação racial e, por outro, pelo machismo não só dos homens brancos, mas dos próprios negros. E não deixavam de reconhecer o caráter mais acentuado do machismo negro, uma vez que este se articula com mecanismos compensatórios que são efeitos diretos da opressão racial (afinal, qual a mulher negra que não passou pela experiência de ver o filho, o irmão, o companheiro, o namorado, o amigo, etc., passarem pela humilhação da suspeição policial, por exemplo?). Nesse sentido, o feminismo negro possui sua diferença específica em face do ocidental: a da solidariedade, fundada numa experiência histórica comum. Por isso mesmo, após sua reunião, aquelas mulheres: Beatriz (Nascimento), Marlene, Vera Mara, Joana, Alba, Judite, Stella, Lucia, Norma, Zumba, Alzira, Lísia e várias outras (eram cerca de vinte) juntavam-se a seus companheiros para a reunião ampliada (que chamavam de "Grupão"), onde colocavam os resultados de sua discussão anterior, a fim de que o conjunto também refletisse sobre a condição da mulher negra.

Em 1975, quando as feministas ocidentais se reuniam na Associação Brasileira de Imprensa para comemorar o Ano Internacional da Mulher, elas ali compareceram, apresentando um documento onde caracterizavam a situação de opressão da mulher negra.[19] Todavia, dados os caminhos seguidos por diferentes tendências que se constituíram a partir do "Grupão", esse grupo pioneiro acabou por se desfazer e suas componentes continuaram a atuar, então, nas diferentes organizações que se criaram.

Os anos seguintes testemunharam a criação de grupos de mulheres negras (Aqualtune, 1979; Luiza Mahin, 1980; Grupo de Mulheres Negras do Rio de Janeiro, 1982) que, de um modo ou outro, foram reabsorvidos pelo Movimento Negro. Todas nós, sem jamais termos nos distanciado do MN, continuamos nosso trabalho de militantes

---

19 Lélia Gonzalez, "A mulher negra na sociedade brasileira: Uma abordagem político-econômica".

no interior das organizações mistas a que pertencíamos (André Rebouças, IPCN, SINBA, MNU, etc.), sem, no entanto, desistir da discussão de nossas questões específicas junto aos nossos companheiros que, muitas vezes, tentavam nos excluir do nível das decisões, delegando-nos tarefas mais "femininas". Desnecessário dizer que o MN não deixava (e nem deixou ainda) de reproduzir certas práticas originárias de ideologia dominante, sobretudo no que diz respeito ao sexismo, como já dissemos. Todavia, como nós, mulheres e homens negros, nos provêm de um mesmo solo: a experiência histórico-cultural comum. Por aí se explica a competição de muitos militantes com suas companheiras de luta (que se pense no "esquecimento" a que nos referimos anteriormente). Mas, por outro lado, por aí também se explica o espaço que temos no interior do MN. E vale notar que, em termos de MNU, por exemplo, não apenas nós, mulheres, como nossos companheiros homossexuais, conquistamos o direito de discutir, em congresso, as nossas especificidades. E isto, num momento em que as esquerdas titubeavam sobre "tais questões", receosas de que viessem a "dividir a luta do operariado".

Enquanto isso, nossas experiências com o Movimento de Mulheres caracterizavam-se como bastante contraditórias: em nossas participações em seus encontros ou congressos, muitas vezes éramos consideradas "agressivas" ou "não-feministas" porque sempre insistimos que o racismo e suas práticas devem ser levados em contas nas lutas feministas, exatamente porque, como o sexismo, constituem formas estruturais de opressão e exploração em sociedades como a nossa. Quando, por exemplo, denunciávamos a opressão da exploração das empregadas domésticas por suas patroas, causávamos grande mal-estar; afinal, dizíamos, a exploração do trabalho doméstico assalariado permitiu a "liberação" de muitas mulheres para se engajarem nas lutas "da mulher". Se denunciávamos a violência policial contra os homens negros, ouvíamos como resposta que violência era aquela da repressão contra os heróis da luta contra a ditadura (como se a repressão, tanto num quanto noutro caso, não fizesse parte da estrutura do mesmo estado policial-militar). Todavia, não deixamos de encontrar solidariedade da parte de setores mais avançados do MM[20] que demonstraram interesse em não só divulgar nossas lutas como em colaborar conosco em outros níveis.

Apesar de aspectos positivos em nossos contatos com o MM, as contradições e ambiguidades permanecem, uma vez que, enquanto originário do MM ocidental, o MM brasileiro não deixa de reproduzir o "imperialismo cultural" daquele.[21] E, nesse sentido, não podemos esquecer que alguns setores do MM não têm o menor escrúpulo em manipular o que chamam de "mulheres de base" ou "populares" como simples massa de manobra para a aprovação de suas propostas (determinadas pela direção masculina de certos partidos políticos). Mas, por outro lado, muitas "feministas" adotam posturas elitistas e discriminatórias em face dessas mesmas mulheres populares. De acordo com o relato de companheiras do NZINGA, por ocasião da reunião em que seria tirado o nome daqueles que representaria o MM no comício das diretas do dia 21 de Março no Rio, uma militante feminista branca, não aceitando a indicação de uma mulher negra e

---

20 Movimento de Mulheres.
21 Jenny Bourne, "Towards an Anti-Racist Feminism".

favelada, declarou, com todas as letras, que "mulher de bica d´água não pode representar as mulheres:

> *E ainda recentemente, participando de uma reflexão sobre a 'sexualidade feminina', convocada pelo Partido dos Trabalhadores (PT) para poder encaminhar as questões da mulher (...) constatamos (...) afirmações como "a mulher negra desperta mais cedo para a sexualidade", ou "a empregada doméstica como veículo da descoberta de temas sexuais através de revistas, conversas, etc." ou ainda, o que é muito comum, "a questão da mulher negra é uma questão de classe e não de raça".*[22]

Por essas e outras é que se entende porque os grupos de mulheres negras se organizaram e se organizaram a partir do MN e não do MM. Aliás, as pouquíssimas negras que militam apenas no MM têm muita dificuldade no sentido de se aprofundar no que diz respeito à questão racial. Talvez porque achem que no Brasil não existe racismo (porque, como disse Millor Fernandes, "o negro sabe onde é o seu lugar")...

O grande encontro do MN com o Movimento de Favelas ocorreu a partir da campanha eleitoral de 1982, uma vez que, até aquele momento, vinham atuando de maneira paralela. Os efeitos da chamada abertura política, concretizados na formação de

---

[22] Ana Maria Felippe Garcia, Mulher negra e mulher branca: o "trabalho" por uma luta comum, p. 5.

novos partidos políticos, atraíram setores que, até então, haviam permanecido à margem do processo político-partidário. Os novos programas, de um outro modo, integraram algumas das reivindicações dos movimentos sociais e os partidos de oposição preocuparam-se em lançar candidatos populares. E foi nesse contexto que surgiram candidaturas originárias do MN e do MF.

No meu caso pessoal, tive a oportunidade de fazer a campanha em conjunto com duas irmãs faveladas: Benedita da Silva e Jurema Batista. De um lado, a profunda consciência dos problemas e das necessidades concretas da comunidade; de outro, a consciência da discriminação racial e sexual enquanto articulação da exploração de classe. A troca de saberes/experiências foi proveitosa para ambos os lados; e o ponto de entendimento comum foi justamente a questão da violência policial contra a população negra. No final da campanha nossas falas estavam inteiramente afinadas, apesar das diferenças individuais. A despeito de toda uma experiência nesse terreno, vivenciamos situações de extrema riqueza política e pessoal.

Apesar dos resultados negativos para ambos os movimentos – e justamente por isso –, se nos impôs a exigência de efetuar uma avaliação conjunta da atuação dos candidatos negros dos partidos de oposição no processo eleitoral. Daí em diante, os dois movimentos passaram a ter uma atuação mais unitária. E alguns exemplos são bastante significativos: a presença de faveladas no Encontro de Mulheres, promovido pelo Grupo de Mulheres Negras do Rio de Janeiro (março de 1983); a cobertura e divulgação de eventos do MN pelo jornal do MF, "O Favelão"; a criação de organizações vinculadas ao MN nas áreas periféricas do Rio de Janeiro; a criação de uma

  LÉLIA GONZALEZ

vice-presidência comunitária na estrutura do IPCN e etc. Nessa linha de trabalho – mediante a articulação do MF, do MM e do MN – Benedita da Silva tomou a iniciativa da organização e realização do I Encontro de Mulheres de Favelas e Periferias (julho de 1983). Pelo exposto, fica evidente que novas perspectivas se abriram para ambos os movimentos.

E é nesse contexto que se inscreve a criação do NZINGA/Coletivo de Mulheres Negras, no dia 16 de junho de 1983, justamente na sede da Associação de Moradores do Morro dos Cabritos, por um grupo de mulheres originárias sobretudo do MF e MN: Jurema Batista (MF), Geralda Alcântara (MF), Miramar da Costa Correia (MN – Mov. de Bairros), Sonia C. da Silva (MF), Sandra Helena (MF), Bernadete Veiga de Souza (MF), Victoria Mary dos Santos (MN) e Lélia Gonzalez (MN). Em meados de julho daquele mesmo ano, a companheira Jurema Batista (fundadora e presidente da Associação de Moradores do Morro do Andaraí) seguia para Lima como delegada do NZINGA para o II Encontro Feminista da América Latina e do Caribe, juntamente com duas representantes do Grupo de Mulheres Negras do Rio de Janeiro (e a atuação dessas companheiras foi de tal ordem que conseguiram que se criasse um Comitê Anti-Racismo no interior do Encontro). Pela primeira vez, na história do feminismo negro brasileiro, uma favelada representava, no exterior, uma organização específica de mulheres negras.

Somos um *Coletivo*: não aceitamos que a arbitrariedade de uma hierarquia autoritária determine nossas decisões, mas que elas sejam o resultado de discussões democráticas. Somos um Coletivo de *Mulheres* porque lutamos contra todas as formas de violência, ou seja, lutamos contra o sexismo e a discriminação sexual. Somos um Coletivo de Mulheres *Negras*: além do sexismo, lutamos contra o racismo e a discriminação racial que fazem de nós o setor mais explorado e mais oprimido da sociedade brasileira (...) Nosso objetivo é trabalhar *com* as mulheres negras de baixa renda (mais de 80% das trabalhadoras negras), que vivem principalmente nas favelas e nos bairros de periferia. E por quê? Porque são discriminadas pelo fato de serem *mulheres, negras e pobres*.

Este é um trecho de um panfleto distribuído no dia 25 de março de 1984, no Morro do Andaraí, onde o NZINGA organizou, em um só evento, a comemoração do 8 de março (Dia Internacional da Mulher) e do 21 de março (Dia Internacional pela Eliminação da Discriminação Racial). No mesmo panfleto também dizíamos quem foi NZINGA e explicávamos o significado das duas datas.

A escolha do nome de NZINGA tem a ver com a nossa preocupação de resgatar um passado histórico recalcado por uma "história" que só fala dos nossos opressores. E a famosa rainha Jinga (NZINGA) teve um papel da maior importância na luta contra o opressor português em Angola. E o pássaro que usamos como símbolo tem a ver com a tradição nagô, segundo a qual a ancestralidade feminina é representada por pássaros. E nossas cores têm a ver, o amarelo com Oxum, e o roxo com o movimento internacional de mulheres.

Para encerrar, gostaríamos de prestar nossa homenagem a uma grande companheira de MN (pertencíamos ao mesmo grupo, o Luiza Mahin, quando militávamos no MNU) que vem desenvolvendo um trabalho da maior importância com relação aos seus companheiros e companheiras de profissão. Refiro-me a Zezé Motta que, coerentemente em sua militância de mulher negra, fundou o Centro de Documentação de Artistas Negros/CEDAN que aí está inclusive para desmascarar essa estória de que "não existem atores negros" (o que justifica até certos atores de respeito pintarem-se de preto) e, fundamentalmente, para que a história passada e presente dos artistas negros fique devidamente registrada. Como se vê, trata-se de um trabalho cujos efeitos só podem trazer benefícios para os negros que trabalham num setor profissional que se destaca pelo seu caráter altamente discriminador, do ponto de vista racial.

Pelo exposto, evidencia-se que nossa preocupação, em termos de participação da mulher negra, focalizou especialmente aquelas mulheres que atuam sobretudo no MN. Já o trabalho desenvolvido pelas mulheres negras nas associações de moradores, tanto de favelas quanto de bairros periféricos, registra uma história de lutas heróicas cuja análise não poderíamos fazer aqui por questões de espaço e de tempo. Consequentemente, num outro texto, dada a riqueza de elementos a serem apresentados para a nossa reflexão.

AXÉ NGUNZO, MUNTU!
NZINGA — COLETIVO DE MULHERES NEGRAS

BIBLIOGRAFIA

ARAUJO COSTA, T. C., GARCIA DE OLIVEIRA L. E. e GONZALEZ, L. *Mulher Negra: uma proposta de articulação entre raça, classe e sexo*. Rio de Janeiro, Fundação Ford. 1983.

BOURNE, Jenny. *Towards an anti-racist feminism*, in Race&Class, Vol. XXV, N. 1, summer. 1983

CARDOSO, Hamilton. *Movimentos Negros é preciso ou: aspectos econômicos da opressão racial*, in Afrodiáspora, Ano 2, N.1, Out./Jan. 1983-1984.

CHAUÍ, Marilena. *Repressão Sexual, essa nossa (des)conhecida*. São Paulo, Brasiliense. 1984

DA MATTA, Roberto. *Relativizando: uma introdução à Antropologia Social*. Petrópolis, Vozes. 1981.

FARIAS, Zaíra A.*Domesticidade: "cativeiro" feminino?* R i o   d e Janeiro, Achiamé/CMB. 1983

GONZALEZ, Lélia. *Cultura, etnicidade e trabalho*. Pittsburgh, mimeo. 1979.

___________ *Racism and its effects in Brazilian society*, in World Council of Churches Document, Veneza/Genebra. 1979.

___________ *Racismo e sexismo na cultura brasileira*, in Psicanálise e Política. Rio de Janeiro, C. S. P. K. Kemper. 1981

___________ O *papel da mulher negra na sociedade brasileira*, in Lugar da Mulher. Rio de Janeiro, Graal. 1982

______e HASENBALG, C. A. *Lugar de Negro*. Rio de janeiro, Marco Zero. 1982

HASENBALG, Carlos A. *Discriminação e Desigualdades Raciais no Brasil*. Rio de janeiro, Graal. 1979.

________ e VALLE SILVA, Nelson. *Industrialização, Emprego e Estratificação social no Brasil*. Rio de Janeiro, IUPERJ - Série Estudos, n.º 23. 1984.

MURARO, Rose Marie. *Sexualidade da Mulher Brasileira*. Petrópolis, Vozes. 1983.

OLIVEIRA, PORCARO e ARAUJO COSTA. *O Lugar do Negro na Força de Trabalho*. Rio de Janeiro, IBGE. 1980.

GARCIA, 1984 – depoimentos fornecidos pela companheira Ana Maria Garcia, cf. relatório de participação do Nzinga/CMN.

Lélia de Almeida Gonzalez é considerada uma das principais pensadoras brasileiras, com uma obra que une uma reflexão potente e original sobre o papel do negro, e especialmente da mulher negra, na sociedade brasileira e latino-americana, com uma atuação política fundamental, participando ativamente da organização dos movimentos negros e feministas brasileiros. A sua importância para o pensamento social e para o ativismo político latino-americano é tão forte e abrangente que Angela Davis, ícone do feminismo negro com quem trabalhou em pesquisa sobre raça e gênero nos EUA, ao ser chamada para uma fala no Brasil, afirmou: "Por que vocês precisam buscar uma referência nos Estados Unidos? Eu aprendo mais com Lélia Gonzalez do que vocês comigo".

Como mulher negra, Lélia Gonzalez teve que atravessar muitas barreiras para conseguir se constituir pioneiramente como uma referência intelectual. Nascida em Belo Horizonte, em 1 de fevereiro de 1935, Lélia vem de uma família pobre. Como é proposta do presente texto não realizar um ensaio sobre a autora, mas trazer em primeira pessoa, através de entrevistas, depoimentos e textos diversos, a sua trajetória pessoal, política e intelectual, vamos deixar que a própria Lélia nos narre a sua infância, em fragmentos de uma entrevista para o Pasquim em 1986:

> *Eu venho de uma família de baixa renda. Meu pai Accacio era ferroviário, minha mãe Orcinda era uma índia domesticada, uma mulher extraordinária a quem devo muito e com uma percepção incrível. Eles tiveram dezoito filhos, eu sou a penúltima dessa família. Eu tive a vantagem de fazer parte da última leva e um irmão meu, Jaime de Almeida, foi jogar futebol e teve a sorte de conseguir ser contratado pelo Flamengo. Ele cresceu no futebol carioca e no futebol nacional e assim pôde trazer a família pro Rio de Janeiro. Em 1942 ele trouxe a família para cá, papai morreu logo depois. Esse exemplo do meu irmão me estimulou muito para o estudo e eu terminei cursando o nível superior, cursei antropologia e filosofia na gradução e fiz comunicação e antropologia na pós-graduação. Foi uma conquista dentro da minha família, porque lá todos trabalhavam, ninguém passava da escola primária, mesmo porque o esquema ideológico internalizado pela família era esse: estudava-se até a escola primária e, depois, todo mundo ia*

à batalha em termos de trabalho, para ajudar a sustentar o resto da família. Mas no meu caso o que aconteceu foi que, como era uma das últimas filhas, a penúltima da família, já tive como companheiros de infância os meus próprios sobrinhos. Quer dizer, a visão de meus pais com relação a mim já foi uma visão de neta, praticamente. Então, eu tive a oportunidade de estudar mais. Antes mesmo de vir para o Rio, fiz jardim de infância em Belo Horizonte, fiz escola primária, e passei por aquele processo que eu chamo de lavagem cerebral, dado pelos discursos pedagógicos brasileiros, porque na medida em que eu aprofundava meus conhecimentos, eu rejeitava cada vez mais a minha condição de negra. Havia muito preconceito, então a única maneira que eu encontrei para superar estes problemas foi ser a primeira aluna da sala. É aquela história: "ela é pretinha mas é inteligente"...

Se Lélia conseguiu conquistar, com muito esforço, o direito à educação, isso não impediu que tivesse que conciliar os estudos com o trabalho desde a infância:

Quando criança, eu fui babá de filhinho de madame, você sabe que criança negra começa a trabalhar muito cedo, né? Teve um diretor do Flamengo que queria que eu fosse pra casa dele ser uma empregadinha, daquelas que viram cria da casa. Eu reagi muito contra isso e então o pessoal terminou me trazendo de volta pra casa.´

Já em Belo Horizonte houve uma coisa que muito me marcou, minha mãe trabalhou como ama de leite de uma família italiana onde a mãe de uma criança tinha morrido no parto, e essa família tinha uma menina que havia nascido na mesma época que eu. Nós fizemos amizade e quando ela foi para o colégio, os pais dessa minha amiguinha se ofereceram para pagar a escola pra mim. Eu era muito aplicada nos estudos e sempre era convidada pelas minhas amigas para estudar na casa delas. Isso me fez muito independente da família. Eu mesma me inscrevi na escola, fui à luta. Enquanto eu via as outras menininhas acompanhadas pelos adultos, eu fazia tudo sozinha. Eu fico até emocionada de me lembrar desses momentos. Os meus professores sempre me deram muita força.

Essa experiência de educação acabou marcando um certo afastamento, na juventude, de suas raízes familiares, entre elas das questões em torno da cultura negra. Segundo Lélia,

Quanto mais você se distancia de sua comunidade em termos ideológicos, mais inseguro fica e mais internaliza a questão da ideologia do

branqueamento. Você termina criando mecanismos para se segurar. Houve, por exemplo, uma fase na minha vida em que eu fiquei profundamente espiritualista. Era uma forma de rejeitar o meu próprio corpo. Essa questão do branqueamento bateu muito forte em muitos negros também. Há também o problema de que na escola a gente aprende aquelas baboseiras sobre os índios e os negros, e até mesmo na própria universidade o problema dos índios e dos negros não é tratado nos seus devidos termos. É o problema do conflito entre a cultura dominante e da cultura dominada. Tudo que vem da cultura dominante é universal, racional, brilhante, etc. e tal. Já as religiões negras e indígenas são chamadas de "cultos". As línguas africanas não são consideradas línguas mas sim "dialetos". É óbvia a postura etnocêntrica, racista, que se apoia num evolucionismo linear e idiota que se entranhou no pensamento das classe dominantes brasileiras.

Esse processo de "branqueamento", ou de aceitação dentro de um ambiente majoritariamente branco, sofre uma ruptura radical com a experiência do casamento, onde Lélia de repente se vê confrontando toda uma estrutura racista da sociedade, como narra em bela entrevista para Heloísa Buarque de Hollanda e Carlos Alberto M. Pereira, realizada em 1980:

Na Faculdade, eu já era uma pessoa de cuca, já perfeitamente embranquecida, dentro do sistema. E, a partir daí, começaram as contradições. Você enquanto mulher e enquanto negra sofre evidentemente um processo de discriminação muito maior. E, claro, enquanto estudante, muito popular na escola, como uma pessoa legal, aquela pretinha legal, muito inteligente, os professores gostavam. Esses baratos todos. Mas, quando chegou a hora de casa, eu fui me casar com um cara branco, o Luiz Carlos Gonzalez, de onde adotei o meu sobrenome. Pronto, daí aquilo que estava reprimido, todo um processo de internalização de um discurso "democrático racial", veio à tona, e foi um contato direto com uma realidade muito dura. A família do meu marido achava que o nosso regime matrimonial era, como eu chamo, de "concubinagem", porque mulher negra não se casa legalmente com homem branco. É uma mistura de concubinato com sacanagem, em última instância. Quando eles descobriram que estávamos legalmente casados, aí veio um pau violento em cima de mim. Claro que eu me transformei numa "prostituta", numa "negra suja", e coisas assim desse nível. Mas, de qualquer forma, meu marido foi um cara muito legal, sacou todo o processo de discriminação da família dele e ficamos juntos até a sua morte.

Depois veio o segundo casamento, com um mulato que hoje é branco. Como se diz na Bahia, um tinta fraca. Ele tinha uma ideologia de classe, não gostava de preto... Nós ficamos juntos durante cinco anos, era engraçado porque, enquanto eu estava em busca de mim mesma, ele procurava fugir de si próprio. Apesar da gente se gostar muito, a nossa relação não estava combinando. A gente se separou e a minha cabeça dançou. Afinal, eu fui casar com um cara branco, de origem espanhola, que dava todo apoio à questão racial, e quando eu caso com um cara de origem negra, ele não tem essa solidariedade. Esse meu segundo marido, hoje todo mundo olha para ele... porque a percepção da questão da ascendência racial no Brasil é muito disfarçada, né? O cara dá um jeito assim... passa um creme rinse, fica mais claro, dá uma esticada no cabelo, e tudo bem... E eu não quero dizer que também não passei por isso, porque eu usava peruca, esticava cabelo, gostava de andar vestida como uma lady...

Deste conflito familiar, surge a aproximação de Lélia com os elementos da cultura negra. Uma aproximação que não deixa de ser conflituosa a princípio, exigindo uma desconstrução de sua experiência anterior:

Desnecessário dizer que a divisão interna da mulher negra na universidade é tão grande que no momento em que você se choca com a realidade de uma ideologia preconceituosa e discriminadora que aí está, sua cabeça dá uma dançada incrível. Tive que parar num analistas, fazer análise etc. e tal. E a análise nesse sentido me ajudou muito. A partir daí fui transar o meu povo mesmo. Ou seja, fui transar candomblé, macumba, essas coisas que eu achava que eram primitivas. Manifestações culturais que eu, afinal de contas, com a formação em Filosofia, transando uma forma cultural ocidental tão sofisticada, claro que eu não podia olhar como coisas importantes.

Mas enfim: voltei às origens, busquei as minhas raízes e passei a perceber, por exemplo, o papel importantíssimo que a minha mãe teve na minha formação. Embora índia e analfabeta, ela tinha uma sacação incrível a respeito da realidade em que todos nós vivíamos e, sobretudo, em termos de realidade política. E me parece muito importante eu chamar atenção para essa figura, a figura da minha mãe, porque era uma figura do povo, uma mulher lutadora, uma mulher inteligente, com uma capacidade de percepção muito grande das coisas e que passou isso pra mim. Ela me mostrou que a gente não pode estar distanciado desse povo que está aí, senão a gente cai numa espécie de abstracionismo muito grande, ficamos fazendo altas teorias, ficamos falando em abstrações, enquanto o povo está numa outra, está vendo a realidade de uma outra forma. Inclusive os próprios discursos progressistas que nós vemos por aí têm esse tipo de deformação caracterizada pela impostação ideológica que assumem. A meu ver, o discurso ideológico deforma a realidade, quer dizer, é um discurso de desconhecimento/reconhecimento, na medida em que ele reproduz os interesses de determinados grupos.

Esse processo de auto-descoberta, e de descoberta das suas raízes africanas e ameríndias, levou Lélia a se engajar na constituição dos movimentos negros da década de 1970:

Eu comecei fazendo análise com Carlos Byngton, que é jungiano. Meu lance na psicanálise foi muito interessante, a psicanálise me chamou a atenção sobre os meus próprios mecanismos de racionalização, de esquecimento, de recalcamento, etc. Foi inclusive a psicanálise que me ajudou neste processo de descobrimento da minha negritude. Em 1974, eu passei a participar dos debates que ocorrem no Teatro Opinião, houve uma série de reuniões na minha casa também e então a questão negra, numa perspectiva política, começou a a me interessar. Até então, ela me interessava numa perspectiva culturalista, a partir de então eu começo a desenvolver um trabalho.

Em 1976, eu estava no Parque Lage, fazendo exposições, debates. Em 1978, eu fui à Bahia dar um curso sobre os noventa anos da abolição e posteriormente esse grupo se tornou o núcleo do Movimento Negro Unificado (MNU). Quando eu voltei, entrei para a Convergência Socialista, que era um movimento político que possuía preocupações com o negro. Durou pouco essa permanência na Convergência, em julho de 1978 eu estava nas ruas com o MNU. O MNU foi extraordinário, ele teve um papel importante de mobilização do negro. Eu fui fundadora desse movimento, fiz todo o processo de criação, fiz parte da comissão executiva nacional até 1982.

Da ida para Salvador, Lélia acompanhou o ressurgimento dos blocos de Afoxé baianos, como o Ilé-Ayé, e a criação de um novo momento do movimento negro do Brasil, que unia a capacidade de reunião de diferentes tendências e um clima ao mesmo tempo festivo e de luta. Em entrevista para o *Jornal MNU*, em 1991, ela fez um retrospecto da importância dessa história:

A contribuição do Movimento Negro para a cidadania do negro brasileiro é muito positiva, no sentido de que nós conseguimos sensibilizar a sociedade como um todo, levamos a questão negra para o conjunto da sociedade brasileira, especialmente na área do poder político e nas áreas relativas à questão cultural. E aí a nossa contribuição é muito mais nossa, digamos assim, produto dessa criatividade que marca a comunidade negra.

Estou pensando em termos de Bahia, fundamentalmente, porque eu acho que a Bahia é um grande fulcro nesse sentido da emergência da identidade a partir do cultural. A Bahia, como diria o Gilberto Gil, deu régua e compasso. E estou pensando, especificamente, nos afoxés e blocos afros pelo papel que eles têm tido de levar essa conscientização para dentro da comunidade negra, embora levem também para fora. Eu vejo como meus alunos brancos estão atentos para a questão da Bahia, dos blocos afros, do reggae. Eles vêm aqui aprender alguma coisa. Em termos da comunidade mesmo, acho que é necessário aprofundarmos isso. Aqui em Salvador a gente percebe como isso rola tranquilo. Uma tranquilidade que a gente sente até mesmo na postura física do negro na Bahia. Uma coisa muito interessante de a gente observar e tem a ver como um mínimo de consciência de suas raízes, de suas origens culturais. Tanto que as pessoas dizem que os negros da Bahia são bonitos. Quando as pessoas dizem isso, não percebem que elas estão se sensibilizando é por uma postura de alguém que sabe que ele é ele mesmo e não um outro, aquele outro determinado pelo poder branco. E nisso, efetivamente, os blocos afros tiveram uma contribuição extraordinariamente fundamental, a ponto de sensibilizarem grandes estrelas da música popular, que não podem deixar de falar nesses blocos afros.

Inclusive, a articulação do Olodum com Paul Simon é muito interessante também porque levará mais adiante, como aconteceu com o reggae de Bob Marley, toda essa manifestação cultural. Me recordo uma vez que eu estava numa biboca no Senegal, uma birosquinha numa área periférica, e havia lá uma caixinha cheia de discos. O cara vendia tudo ali na loja, gato, sapato, não sei que mais... E Bob Marley. E você fica pensando até onde ele chegou e marcou.

Nesse lado cultural aí, acho que nós sempre fomos vitoriosos, a verdade é essa. Agora, no que diz respeito às questões político-ideológicas, a coisa é séria ao meu ver. O que a gente percebe é que o MNU futucou a comunidade negra no sentido de ela dizer também qual é a dela, podendo até nem concordar com o MNU. Hoje a gente verifica que pintou uma certa autonomia no que diz respeito a algumas entidades aí pelo Brasil, que articulam áreas de ação que não são, especificamente, aquelas que ficam numa política abstrata, genérica, mas áreas de ação no sentido concreto, dentro da comunidade, dentro das propostas e das exigências desta comunidade.

Para dar um exemplo interessante, me recordo do momento da Constituinte de 1988, em Brasília, quando eu atuava enquanto mulher negra dentro do movimento de mulheres, no Conselho Nacional. Havia uma passagem de informações, porque o Movimento Negro estava reunido lá para fazer suas propostas aos constituintes. E eu me recordo que, de repente, chegou uma mulher dizendo assim: "olha, o Movimento Negro está reunido levantando uma questão incrível, a questão do crime inafiançável com relação à discriminação racial, tem que trazer isso também para nós". Esse tipo de troca, de contribuição, que para mim era uma coisa abstrata que eu lia nas histórias, por exemplo, do Movimento de Mulheres, do Movimento Negro e do Movimento de Homossexuais nos EUA. E eu verificava uma anterioridade do Movimento Negro na colocação de uma série de questões para o Movimento Feminista que, por sua vez, passou para o Movimento Homossexual e, de repente, você constata isso a partir de sua experiência concreta. Eu acho que isso significa um avanço do Movimento Negro brasileiro, uma contribuição extremamente positiva. Quer dizer, nós deixamos de ser invisíveis, a verdade é essa. Não dá mais para se ficar escamoteando a questão das relações raciais no Brasil, pois nós estamos aí, de uma forma ou de outra.

Essa relação entre ação cultural e ação política foi uma construção lenta de abertura dentro do pensamento de Lélia. Se, em 1991, já havia a certeza para ela da importância das manifestações culturais, na entrevista de 1980 ela narra a estranheza que teve, em meados nos anos 1970, frente aos movimentos culturais que estavam surgindo na época, como o Black Rio:

Numa época eu mesma achei que o Black Rio era uma alienação. Eu estava dentro do discurso de esquerda, não é? Então, eu pensava que o Black Rio era uma alienação, aqueles crioulos querendo imitar aqui os crioulos norte-americanos. Aí, depois, você começa a analisar mais profundamente e vai verificar o seguinte: naquele momento aquela mocidade toda, estes jovens todos, estão alijados, por exemplo, das próprias Escolas de Samba, que

Para além da participação na criação do Movimento Negro Unificado, Lélia exerceu política partidária, primeiro como uma das fundadoras do Partido dos Trabalhadores, por onde saiu candidata a deputada federal em 1982, e depois como candidata a deputada estadual pelo PDT, em 1986, a convite de Leonel Brizola e especialmente de Darcy Ribeiro. As duas candidaturas acontecem em momentos importantes da história política recente: em 1982, é a primeira eleição que ocorre dentro do processo de abertura política, depois do Golpe Civil-Militar de 1964 e quase duas décadas de ditadura. A segunda, em 1986, ocorre já no processo do que seria conhecido como a Constituinte Cidadã de 1988, que,mesmo com todos os limites políticos daquele momento, conseguiu ampliar os direitos e a participação das mulheres, dos negros e dos índios na política brasileira.

A saída do PT se deu em meados dos anos 1980, em consequência da percepção de que o partido, especialmente no Rio de Janeiro, não estava aberto para as questões do Movimento Negro:

> *Eu mudei de partido por uma razão simples: é conhecido de todos que o PT do Rio de Janeiro acabou ficando restrito a determinados setores e que são majoritários no partido, não realizando um trabalho efetivo na questão racial. Então, meu último sentimento em relação ao PT do Rio – e quero frisar que só estou me referindo ao Rio de Janeiro, porque se eu estivesse em São Paulo eu não teria saído do partido – foi vê-los como uma vanguarda falando para quatro paredes. O PDT no Rio possui um amplo respaldo popular e dentro deste respaldo a questão racial é tratada com muito mais atenção. A razão fundamental foi essa: o próprio programa partidário. Diferentemente dos outros partidos, o PDT declarou que as suas prioridades são a criança, o trabalhador, a mulher e o negro.*

Segundo Lélia, a razão da diferença de postura entre o PT paulista e carioca é histórica:

> *O que acontece em São Paulo é que você tem duas instituições muito importantes, de um lado um conselho de comunidade negra que foi criado pelo governo Montoro e de outro o conselho da situação feminina. A nível institucional, São Paulo realmente está um passo à frente do Rio. Embora o Rio pareça ter uma população negra maior que São Paulo, que a presença cultural do negro na cultura carioca, há essa maior presença institucional em São Paulo. Isso é por uma razão bem simples: há uma tradição organizativa muito grande em São Paulo, inclusive em termos políticos da comunidade negra. É importante não esquecermos que o nosso movimento negro surgiu como instituição em São Paulo, como é o caso da Frente Negra Brasileira, que foi criada em setembro de 1931 e teve um papel muito grande em termos de conscientização e mobilização das massas negras.*

A candidatura de Lélia para deputada estadual se deu como uma proposta de modernização da Assembleia Legislativa, trazendo uma gama de temas que estavam ganhando relevância social à época. Para isto, Lélia estava ao lado de outras candidaturas, como da militante feminista Rose Marie Muraro:

Embora não tenha sido eleita, Lélia manteve uma importante atuação na Assembleia Constituinte de 1988, lutando pelas causas por ela elencada. Não que a sua atuação política transversal tenha sido realizada sem conflito. É o caso em torno da questão feminista: ao assumir um feminismo negro, se colocou em permanente fricção em relação aos grupos majoritários do movimento feminista brasileiro, assim como a postura feminista a colocou em fricção com tendências machistas do Movimento Negro, como conta em sua entrevista ao Jornal do MNU:

*No meio do movimento das mulheres brancas, eu
sou criadora de caso, porque elas não conseguiram
me cooptar. No interior do movimento havia um
discurso estabelecido com relação às mulheres*

negras, um estereótipo. As mulheres negras são agressivas, são criadoras de caso, não dá para a gente dialogar com elas, etc. E eu me enquadrei legal nessa perspectiva aí, porque para elas a mulher negra tinha que ser, antes de tudo, uma feminista de quatro costados, preocupada com as questões que elas estavam colocando. Agora, na própria fala, na postura, no gestual, você verificava que a questão racial era...

Isso a gente já discutiu muito e a experiência mais positiva que eu tive foi num encontro na Bolívia promovido pelo MUDAR (Mulheres por um Desenvolvimento Alternativo), uma entidade internacional que foi criada pouco antes do encerramento da década da mulher em 1985. Foi ali, pela primeira vez, que eu encontrei um tipo de eco, uma maturidade por parte do movimento, no sentido de parar e refletir sobre as questões que a gente coloca enquanto mulher negra, a dimensão racial que está presente em tudo e que você não pode fingir que ela não existe. Mas não há dúvida de que existe um setor do movimento de mulheres que está preocupado com a questão racial. O feminismo, como uma feminista inglesa colocava, não terá cumprido sua proposta de mudança dos valores antigos se ele não levar em conta a questão racial.

O que eu percebo é que o nosso cultural nos dá elemento muito fortes no sentido da nossa organização enquanto mulheres negras. Uma história que rolou e gera uma grande luta interna com o homem negro, uma questão muito séria dentro do Movimento Negro, um ressentimento muito grande das mulheres diz respeito à sexualidade, porque muitos homens negros preferem as mulheres brancas. Isso é verdade, não dá pra você ficar escondendo o sol com a peneira. Eles internalizaram o valor branco como supremo, como todos nós, só que a gente está tentando sair dessa. Até algumas lideranças dentro do Movimento Negro só transam com *mulheres brancas e isto é uma forma de reprodução do esquema racista, sem sombra de dúvidas.*

Dentro da proposta de feminismo que a gente está tentando colocar, me parece fundamental não perder de vista a relação homem negro/mulher negra. Não é só a gente se olhar enquanto mulher negra, mas nos vermos na relação com o homem negro, e ele com a gente. Porque tem que ser uma coisa dinâmica, sobretudo porque fazemos parte de uma comunidade que é discriminada pela dimensão racial. E me parece que as respostas de parte a parte, até o momento, não são satisfatórias. De um lado nós temos uma postura muito machista de parte do homem negro, e eu vejo que a sua procura da mulher branca passa por aí.

Pela nossa experiência histórica juntos (homem negro/mulher negra), a gente se conhece muito bem, há toda uma cumplicidade no que diz respeito ao enfrentamento de uma série de questões. Mas, no caso da mulher branca, ela não vivencia essa experiência da discriminação racial. Então acontece que, muitas vezes, os homens negros vão exercer seu machismo junto às mulheres brancas. De certa forma, o homem negro atualiza sua rivalidade com o homem branco na disputa da mulher branca. E a mulher negra fica jogada pra escanteio. O ressentimento surge por aí.

Acontece que os dois são muito carentes, há uma profunda carência de parte a parte. Na medida em que, no interior do movimento, nós mulheres constatamos isso, a coisa assume uma dimensão tão forte que, muitas vezes, nos leva a assumir as mesmas posturas do movimento feminista branco. Mas nós não podemos reproduzir mecanicamente as propostas de um movimento feminista ocidental judaíco-cristão.

Então, o que proponho é que a questão da sexualidade tem que ser discutida num nível mais amplo e não no nível do orgasmo, pura e simplesmente. Estou propondo um orgasmo muito maior, um prazer e uma felicidade muito maiores. É claro que a gente necessita ter conhecimento do próprio corpo, tudo bem. Mas me parece que, nessa relação da mulher com a sua própria sexualidade, a gente pode cair em algumas armadilhas do tipo uma exaltação exagerada de nossa própria feminilidade, porque evidentemente eu não posso deixar de reconhecer que eu tenho um lado masculino também, como vocês têm um lado feminino.

Na medida em que eu exagero a minha parte feminina, eu estou em desequilíbrio, embora não negue que uma das grandes coisas que aconteceram no mundo nos últimos anos foi o Movimento das Mulheres, quanto a isso não há dúvidas. Precisamos assumir uma posição mais equilibrada em termos dessa relação homem/mulher, porque eu não sou mulher sozinha, eu sou mulher com um homem, e é nessa relação que eu vou afirmar a minha mulheridade, numa relação de troca com o homem, se não a gente dança.

E esses valores da cultura africana estão lá esquecidos no inconsciente da gente, e têm muito a contribuir no sentido do equilíbrio da relação homem/mulher. Se nós continuarmos muito ressentidas com nossos companheiros do Movimento Negro, se eles continuarem buscando uma relação de possessividade e de afirmação do seu machismo, nós, enquanto comunidade, estamos dançados, a esquizofrenia já se instalou aí, tranquilamente. E nós, mulheres negras, temos que ter uma visão muito crítica desse movimento feminista, porque não dá para ficar reproduzindo determinadas práticas.

É a partir dessa trajetória pessoal e dessa atuação político-social, e não apartada disso, que Lélia Gonzalez desenvolve o seu trabalho intelectual. Não à-toa, todas as suas formulações possuem um forte enraizamento com a sua vivência e luta, com o chão do mundo onde ela anda. E, consequentemente, com sua força em prol de transformar este mundo. Mas Lélia era, para além de uma agitadora política, uma bem-informada pensadora, capaz de lidar de forma original com autores clássicos ou contemporâneos. Um dos exemplos é a sua atenção à obra do psiquiatra martinicano Frantz Fanon, a qual ela foi uma das primeiras intérpretes no Brasil, ao lado da psiquiatra Neusa Santos Souza. Segundo Rosemere Ferreira da Silva,

A relação que essas intelectuais, Lélia González e Neusa Santos Souza, estabeleceram, prioritariamente, com as ideias de Fanon, a partir dos seus escritos e da sua crítica ao colonialismo e ao racismo, não só influenciaram o que sistematicamente produziram como conhecimento em suas áreas de atuação, mas incidiram também na maneira como elas passaram a se ver no mundo. Ambas mergulharam na proposição de uma descoberta pessoal e intelectual contra a alienação do estado psicológico do ser humano. Foram capazes de, em seus projetos intelectuais, subverter a não lógica circundante no "Ideal do Ego" em estado produtivo da experiência negra. Sem dúvida, são duas experiências femininas e negras, no contexto intelectual brasileiro, que desafiaram tornar o sujeito negro um ser de ação, conforme preconizou Fanon.

Esta questão está consciente na obra de Lélia, que no seu texto "Uma viagem para a Martinica - I" declara:

Pondo o dedo na ferida da alienação do negro, encontra-se a dramática figura de Frantz Fanon, o jovem psiquiatra que se destacou na Guerra de Independência da Argélia. Crítico da noção de negritude, escreveu Os condenados da Terra e Pele negra, máscaras brancas. Este último é uma das mais acuradas análises dos mecanismos psicológicos que induzem o colonizado a se identificar com o colonizador. Na sua perspectiva, a desalienação do negro está diretamente vinculada à tomada de consciência das relações socioeconômicas. Sua posição crítica diante do que

A importância de Fanon na obra de Lélia está na abordagem psicanalítica em torno da questão do racismo, como bem coloca Cláudia Pons Cardoso:

Tendo como referência e influência as ideias de Frantz Fanon, Lélia Gonzalez procurou similaridades nos diversos contextos da diáspora negra de forma a desenvolver explicações em comum para abordar o racismo, bem como recuperar as estratégias de resistência e luta das mulheres negras e indígenas, visando seu registro como protagonistas e sujeitos históricos. Um dos principais traços do pensamento de Fanon, que identifico na obra de Lélia, diz respeito à abordagem dos danos psicológicos causados pela relação de dominação/exploração entre colonizador e colonizado.

Segundo Frantz Fanon, o colonialismo produziu a chamada "inferioridade do colonizado" que, uma vez derrotado e dominado, acaba por aceitar e internalizar essa ideia. O colonizador se sustenta no racismo para estruturar a colonização e justificar sua intervenção, pois, através da difusão ideológica da suposta superioridade do colonizador, sua ação é vista como benefício, e não como violência, o que resultou na alienação colonial, na construção mítica do colonizador e do colonizado, o primeiro retratado como herdeiro legítimo de valores civilizatórios universalistas e o segundo, como selvagem e primitivo, despossuído de legado merecedor de ser transmitido.

As ideias de Fanon sobre racismo, assimilação e alienação foram importantes para as reflexões de Lélia Gonzalez acerca da chamada democracia racial brasileira, um dos principais alvos das ações e críticas do movimento negro, nos anos 1980, através da denúncia do quanto era falaciosa tal democracia, resumindo-se, na verdade, "em um dos mais eficazes mitos de dominação".

Segundo Lélia Gonzalez, o racismo pode apresentar taticamente duas formas para manter a "exploração/ opressão": o racismo aberto e o racismo disfarçado. A primeira forma é encontrada, principalmente, nos países de origem anglo-saxônica, e a segunda predomina nas sociedades de origem latina. No racismo disfarçado, "prevalecem as 'teorias' da miscigenação, da assimilação e da 'democracia racial'", e essa forma de se manifestar, afirma, ao pensar o Brasil, impede a "consciência objetiva desse racismo sem disfarces e o conhecimento direto de suas práticas cruéis" pois a crença historicamente construída sobre a miscigenação criou o mito da inexistência do racismo em nosso país.

No racismo latino-americano, continua Lélia Gonzalez, a alienação é alimentada através da ideologia do branqueamento cuja eficácia está nos efeitos que produz: "o desejo de embranquecer (de 'limpar o sangue', como se diz no Brasil) é internalizado, com a simultânea negação da própria raça, da própria cultura".

O interesse pela psicanálise e também pelo debate político em torno da América Latina vai aproximar Lélia de outros dois psicanalistas, MD Magno, um dos responsáveis pela introdução do pensamento lacaniano para o público brasileiro, e Betty Milan, que em 1980 haviam forjado o termo "Améfrica Ladina". Em uma intervenção de 1980 com o mesmo título, Magno explica o surgimento do termo, criado a partir de um desconforto em torno de um colóquio latino-americano onde havia a exigência de apresentação em apenas duas línguas: francês e espanhol:

Quando se trata de Língua, a coisa fica muito séria, porque, afinal de contas, é sintoma fundamental, ou pelo menos, é sintoma de base nas relações de fala entre os sujeitos. Então, ponderamos que talvez essa América chamada de Latina não falasse

*só o espanhol. Inclusive, talvez, se o fizéssemos
numericamente, a quantidade dos sujeitos que
falam a Língua...*

*A essa altura, para mim isso funcionou como
interpretação, ou seja, valeu o levantamento da
questão na medida em que a gente começou a se
dar conta: não somos América Latina.*

*De repente, em função desse fato e dessa interpretação,
digamos acidental, a gente começou a se dar conta
de que o Brasil não é América Latina, sobretudo
do ponto de vista do percurso do significante; e no
que eu, junto com a Betty, ponderei que o Brasil
certamente não era América Latina, ela me saiu
com uma invenção de momento e que resolve nossa
questão, ao mesmo tempo que abre uma nova, para
a frente. Disse Betty: "É claro, o Brasil é América-
Africana". Então, nós, nós já estamos situados.*

*Estou dizendo que, talvez, a sintomática cultural
brasileira se decante em húmus africano. Por mais
que encontre mil ingredientes, estou perguntando
se é válido dizer que o Brasil não é América Latina,
que é América-Africana, a cultura amefricana.*

E conclui, após repassar pela história do Macunaíma de Mário
de Andrade, que, depois de ser índio e negro, se vê também
transformado em feminino, ao ser "mutilado dos seus cocos da baía"
ao transar com Uiará, aquela que possui o buraco na nuca:

*Estávamos falando no campo da sexualidade
Feminina. Chico Buarque gozou com a nossa
pretensa malandragem na sua Ópera do Malandro.
Talvez que a cultura amefricana não seja a do
malandro -- mas a da mulher do malandro... É a
cultura da ladina amefricana -- mesmo apanhando
todo dia...*

Foi assim que se cunhou o termo "Améfrica Ladina", que Lélia Gonzalez retrabalhará em uma série de textos que lidam com a questão da "amefricanidade", de forma ampla, incluindo aí não apenas a base negro-africana mas também ameríndia. Para além disso, Lélia ressaltava a formação histórica da Espanha e de Portugal, afirmando que só poderia ser realmente entendida se levasse em conta a longa dominação da Península Ibérica pelos mouros. Segundo ela, aí estaria a chave para se entender por que nas sociedades americanas constituiu-se uma rígida hierarquia a partir do pertencimento étnico. Segundo Luiza Bairros, amiga e companheira de MNU, em seu belo texto "Lembrando Lélia Gonzalez",

*Assim, o racismo na Améfrica Ladina, para além
de fatores histórico-culturais, também revelaria, em
termos psicanalísticos, uma neurose cultural que
busca por todos os meios suprimir "aqueles que do
ponto de vista étnico são os testemunhos vivos" da
ladinoamefricanidade denegada.*

*No pensamento de Lélia, o núcleo da amefricanidade
é constituído pela cultura negra que, informando
toda a cultura brasileira, se expressa "na
cotidianidade de nossos falares, gestos, movimentos
e modos de ser que atuam de tal maneira que deles
nem temos consciência. É isso que caracteriza a
cultura viva de um povo".*
*No entanto, Lélia ressalta que a cultura negra "não
é apenas o samba, o pagode ou o funk. Mas ela
também é o rock, o reggae, o jazz. Ela não é apenas a
Umbanda ou o Candomble, mas é também o transe
das igrejas carismáticas, católicas e protestantes.
Ela não é apenas o 'nós vai' e o 'nós come'. Mas a
musicalidade e as pontuações discursivas que nos
diferenciam dos falares portugueses e africanos".*

Deste forma abrangente, Lélia inclui entre os pilares da amefricanidade figuras que vão de Zumbi dos Palmares a Nanny, heroína do povo jamaicano, que para ela estabelece o lugar da mulher no ato fundador das nacionalidades amefricanas.

Naqueles meados dos anos 1980, Lélia foi possivelmente a militante negra que mais participou de eventos internacionais, congressos e seminários, seja em países africanos, caribenhos, europeus ou norte-americanos. A sua fala eloquente e provocativa encantou pensadores de diferentes lugares e denunciou o mito da democracia racial brasileira.

Lélia Gonzalez faleceu em 11 de julho de 1994, no Rio de Janeiro, deixando uma obra marcada pela união de reflexão e ação. Em 2020, os seus textos e depoimentos foram reunidos no livro "Por um feminismo afrolatino-americano", organizado por Flávia Rios e Márcia Lima e editado pela Zahar. O livro traz, em quase 400 páginas, uma obra marcada positivamente pelo corpo de uma mulher negra, que traz em si o compromisso de tranformação social, ao carregar "toda uma história feita de resistências e de lutas, em que essas mulheres negras têm sido protagonistas graças à dinâmica de uma memória ancestral. Nós, amefricanas, sabemos bem o quanto trazemos em nós a marca da exploração econômica e da subordinação racial e sexual. Por isso mesmo trazemos conosco a marca da libertação de todos e de todas".

PUBLICAÇÕES ORIGINAIS DOS TEXTOS

NANNY: PILAR DA AMEFRICANIDADE

Texto publicado originalmente em Humanidades, Brasília, ano IV , v. 17, pp. 23-5, 1988.

POR UM FEMINISMO AFRO-LATINO-AMERICANO

Publicado originalmente em espanhol, com o título "Por un feminismo afrolatinoamericano", em Isis Internacional — Mujeres por un desarrollo alternativo , Santiago, v. 9, pp. 133-41, jun. 1988. (Mujeres, crisis y movimiento: América Latina e el Caribe). Traduzido para esta edição por Catalina G. Zambrano.

RACISMO E SEXISMO NA CULTURA BRASILEIRA

Apresentado na Reunião do Grupo de Trabalho "Temas e Problemas da População Negra no Brasil", IV Encontro Anual da Associação Brasileira de Pós-graduação e Pesquisa nas Ciências

Sociais, Rio de Janeiro, 31 de outubro de 1980. Publicado originalmente em SILVA , Luiz Antônio Machado et al. "Movimentos sociais urbanos, minorias étnicas e outros estudos". Ciências sociais
hoje, Brasília: Anpocs, n. 2, pp. 223-44, 1983.

A CATEGORIA POLÍTICO- CULTURAL DE AMEFRICANIDADE

Publicado originalmente em Tempo Brasileiro , Rio de Janeiro,
n. 92-3, pp.

MULHER NEGRA

Versão, com algumas modificações (feitas originalmente por
Lélia Gonzalez), da comunicação "The Black Woman's Place in the
Brazilian Society", apresentada na "1985 and Beyond: A National
Conference", promovida pelo African-American Political Caucus e
pela Morgan State University (Baltimore, 9-12/agosto/1984).

SOBRE AS ILUSTRAÇÕES

Rugendas, Johann Moritz. Voyage pittoresque dans le Bresil. Paris: Engelmann & Cie., 1835. Capa: Festa de Nossa Senhora do Rosário dos Homens Pretos, celebração tradicional da Irmandade de Nossa Senhora do Rosário dos Homens Pretos

Nascido em Augsburgo, na Alemanha, em uma família de pintores e gravadores, Johann Moritz Rugendas (1802-1858) estudou na Academia de Belas Artes de Munique, tornando-se um reconhecido desenhista, ilustrador e aquarelista. Incentivado pelos relatos de viagem dos naturalistas J. B. von Spix e C. Fr. Ph. de Martius e pela obra de Thomas Ender, veio para o Brasil em 1821, integrando a expedição científica organizada pelo médico barão Georg Heinrich von Langsdorff, patrocinada pelo Czar Alexandre I, por D. Pedro I e José Bonifácio, e que tinha por objetivo conhecer, registrar e catalogar a geografia, os recursos minerais, a fauna, a flora, a população e os costumes do Brasil. A expedição Langsdorff, que percorreu Minas Gerais, São Paulo, o Centro-Oeste e a Amazônia entre 1824 e 1829, era composta por botânicos, zoólogos, astrônomos e desenhistas. Rugendas permaneceu alguns meses apenas, mas continuou sozinho o registro no Brasil do século XIX, produzindo desenhos e aquarelas, retratando paisagens, cenas cotidianas, costumes e a diversidade da população. Esses trabalhos foram reunidos no álbum *Viagem pitoresca através do Brasil*, publicado na França em 1835.

Entre 1831 e 1834, Rugendas percorreu o México, onde produziu cerca de quinhentos desenhos e mais de trezentas pinturas a óleo. Viveu também no Chile (1834–42), onde publicou o Álbum de trajes chilenos (1838), e percorreu ainda a Argentina, o Peru, a Bolívia e o Uruguai.

Retornou ao Brasil em 1845 e, no Rio de Janeiro, participou das Exposições Gerais de Belas Artes, realizadas pela Academia Imperial de Belas Artes, tornando-se o artista preferido da família imperial.

SOBRE A ORGANIZADORA

Melina de Lima é historiadora, com mestrado em comunicação social e doutorado em antropologia social. Atualmente, é coordenadora do projeto Lélia González Vive, em parceria com a ONG Nossa Causa, ao lado de Marcelo de Lima, Rubens Rufino, Eliane de Almeida, Augusto Gomes, Giovanna Silveira, Maíra Brito, Mariana Regis e Valéria Martins.

Azougue Press

coordenação geral Sergio Cohn

coordenação editorial

Sergio Cohn — Darien Lamen — Cristián Jiménez Plaza

Brasil | CNPJ 12.272.339/0001-26

Portugal | NF 515805394

USA | E. Id. 803650511

Chile | tucán ediciones RUT 77.369.106-1

9 788856 357471 8